EL MUNDO AL REVÉS

HERRAMIENTAS PARA SER
UN DIOS EN ACCIÓN

C. M. MOISÉS BASSOL

Reservados todos los derechos. No se permite la reproducción total o parcial de esta obra, ni su incorporación a un sistema informático, ni su transmisión en cualquier forma o por cualquier medio (electrónico, mecánico, fotocopia, grabación u otros) sin autorización previa y por escrito de los titulares del copyright. La infracción de dichos derechos puede constituir un delito contra la propiedad intelectual.

El contenido de esta obra es responsabilidad del autor y no refleja necesariamente las opiniones de la casa editora. Todos los textos fueron proporcionados por el autor, quien es el único responsable sobre los derechos de los mismos.

Publicado por Ibukku
www.ibukku.com
Diseño y maquetación: Índigo Estudio Gráfico
Siseño de cubierta: Cristina Carrillo Bassol
Copyright © 2020 C.M. Moisés Bassol
ISBN Paperback:
ISBN eBook:

Dedicatoria

Para tu alma, con el alma.

Índice

Dedicatoria	3
Introducción	7
Voces en la Cabeza	13
Yo Soy	19
Gratitud	23
El Poder de las Palabras	27
Bueno y Malo	33
Apegos	37
Ansiedad	41
Perdón	43
Meditación	45
Universo	47
El poder del Amor	49
¡¡¡YO SOY AMABLE!!!	53
Centros de Poder	55
Vivir en Gratitud	59
Coctelitos	63
Empoderamiento	65
Yo Soy Suficiente	69
Tu propio Vigilante	71
Vuelve al Ahora	73
Fluye	75
El mundo al revés	79
Agradecimientos	81

Introducción

A finales del 2018 hui del mundo una última vez, me escondí en mi rincón de la bodega, no podía más con mi farsa, me sentía literalmente morir de asfixia. Ya ni siquiera me preguntaba "por qué" (como en incontables ocasiones anteriores). Esa tarde me preguntaba "qué es lo que está mal"... no entendía nada pues me esforzaba tanto en hacerlo todo bien… y en esa pregunta estuvo la clave que cambió mi vida para siempre.

Ya que me desahogué lo suficiente, esa tarde pasó algo diferente, las voces torturantes en mi cabeza guardaron silencio más rápido de lo común y escuché dentro de mí, otra voz, una nueva, provenía de otro lado del cerebro, de esa área pegada a la coronilla, lo único que dijo fue: "todo lo que sabes está mal". Se escuchó de más lejos, como si te hablaran de otra habitación.

¡Qué momento! ¡Qué día de Revelación! (hasta nombre tiene, lo llamo "El día R"). Como cuando descubres que siempre cantaste mal una canción que aprendiste de niño, esa misma sensación me invadió, mis ojos duplicaron su tamaño, ahora sabía la causa de tanto sufrimiento y nunca me imaginé que a partir de ese momento, mi vida se llenaría de Diosidades y causalidades… mi vida se llenó de magia.

Pasada la euforia, me dije ¡ok! "todo lo que sé, está mal", entonces empezaré por hacer todo al revés, desde lo más básico, el principio primero que rige mi vida… cambié mi obsesión por el físico (que solo me trajo frustración e inconformidad toda la vida), a una obsesión por el alma.

Me di cuenta de que no sabía nada. Tenía décadas sin voltear a verla, era realmente como un alguien en harapos desgarrados, golpeado y sucio hecho bolita en un rincón, temblando de hambre y frío, mi alma sufría una anorexia severa, eso es lo que vi. Ese día me decidí a salvarla. No sabía nada de almas, mucho menos de salvarlas, y como ahora tenía que hacer todo al revés, puse la ciencia en un cajoncito y saqué la palabra metafísica del cajón prohibido.

Una palabra era todo lo que tenía: METAFÍSICA. (Quiero que entiendas el conflicto interno tan fuerte que experimenté durante los primeros meses, pues yo crecí en un hogar laico donde la ciencia probada era la única verdad. Yo sí creía en Dios a escondidas, pero "mí" Dios, vivía cositas que la ciencia no podía explicarme, incluso alguna vez leí la biblia de corridito, como cualquier libro, desde el génesis hasta las cartas a los romanos pero ya no pude con ellas y suspendí). Entonces empecé por buscar la definición de metafísica, pues ni eso conocía: "*Parte de la filosofía que trata del ser, de sus principios, de sus propiedades y de sus causas primeras.*" (*Diccionario de Google*) *Wow justo lo que andaba necesitando: filosofía, principios, propiedades y causas.*

Ya mucho más tranquila, con todo el aprendizaje de ese gran Día R y con el hambre de conocimiento que da descubrir que no sabes nada, todavía absorta en mis pensamientos nuevos, mi mano agarro el celular, puso el Facebook y comenzó a darle para arriba, mis ojos y mi mente estaban en otro lado, cuando enfoco y me doy cuenta, veo en la pantallita una publicación de algo que se llama "Mind Valley" donde un hombre de tipo hindú (el Sr. Vishen Lakhiani) presentaba una entrevista con el Sr. "Niel Donald Walsch" autor de una serie de libros llamados "Conversaciones con Dios". (Ahí fue la primera vez que escuché a una persona usar "Yo Soy el que Soy" en una frase. Se me quedó resonando pero no significaba nada para mi, aún).

Me cagué, lo primero que pensé fue: "es verdad que nos espían!" jajaja (hoy me río porque realmente me asusté) luego recordé que tenía que pensar al revés… tuve que concluir con total incredulidad que esto obviamente me lo mandaba esa voz y era una Diosidad.

Esa fue la semilla de toda esta investigación de más de dos años, hasta hoy, para sanar mi vida.

El Día R acepté que no sabía nada, dos años de trabajo arduo después, acepté que no era nada, con todo el potencial de ser todo lo que yo quisiera.

Hágase la Luz.

Me robo esas primeras palabras de la creación para usarlas en mí. Hoy, solo sé que soy un ser listo para volver a ocupar todo su espacio. Espacio que me fue quedando grande por la compresión que permití que ejerciera sobre mí, todo lo que queda más allá de mi piel: cultura, familia, pareja, sociedad, humanidad.

Cedí, me adapté, me abnegué, me modifiqué, para complementar, para pertenecer, para agradar, para satisfacer, comprimiendo mis sueños, mis deseos, mis gustos, mis anhelos, mis pasiones, a tal punto que me esfumé, desaparecí. Mi espacio físico está, claro, pero "Yo" no lo ocupo.

Hoy soy literalmente NADA, solo un envase, pero un envase lleno de VIDA, con la emoción que produce el descubrir, el descomprimir, el RECORDAR quien Soy "Yo" en mi versión original. Hoy no tengo ni idea. Ni idea, no me acuerdo, no sé, quizás jamás lo he sido.

Maté al zombi que un día descubrí que era, me arranqué de esa telaraña espinosa y cada vez más apretada que son las ideas de otros, los conceptos de otros, los paradigmas de otros, las reglas de otros… *los miedos de otros*. Descubrí que todo lo que sabía, hacía y era, ya no era apropiado para mi.

Entonces hoy, no soy nada, con la oportunidad de serlo TODO, ¡de ser ese UNO verdaderamente único! y solo por eso, todo el dolor e incomodidad que causa el desprendimiento ha valido la pena. Perdí el miedo de mirar hacia adentro, de enfrentar y conocer mi obscuridad y aprendí a amarla. Hoy, sé que todo lo que está más allá de mi piel no es ni mi problema ni de mi incumbencia, es todo lo que sé. De ahí parto hoy y "hágase la luz". ♥♣ atte. "hoy nadie" (¿y mañana? ni idea pero me muero por saberlo).

De ahí arranqué a una segunda etapa de autodescubrimiento, pasaron días de una incertidumbre muy emocionante, pues ya había dejado de ser quien "tenía" que ser y ahora se trataba de saber quién soy realmente. Iba con los ojos y el corazón bien abiertos, sentí que hay muchas almas queriendo despertar, queriendo hablar y sanar su dolor, buscando soluciones que las ayuden a evolucionar y debido a eso, abrí el grupo de mujeres en Facebook "Encontrándome a mí misma", para crear ese espacio seguro para todas, en donde podamos encuerarnos el alma, apoyarnos, motivarnos, enseñarnos y evolucionar.

Al cabo de unas semanas, pude ver que hay mucho dolor muy bien guardado y no todo el mundo tiene 24 horas durante dos años para investigar cómo sanar su vida. Me di cuenta de que todo lo que he hecho profesionalmente en los últimos años gira en torno a aliviar el dolor y el sufrimiento. Creo que encontré mi propósito, mi llamado. Entonces decidí que es momento de compartir mis descubrimientos y condensarlos en un solo libro que pueda servir de guía rápida/práctica para lograrlo, con el único deseo de que te sirva muchísimo.

Sabe querido lector, si deseas con todas tus fuerzas ese cambio, el primer paso ya lo tienes, el segundo corresponde a aprender las herramientas, que vendría siendo el hecho de leer este o cualquier libro, pero eso nunca va a ser suficiente, tienes que hacer la tarea. Todos los días, todo el día. Hay que vivir el nuevo conocimiento y hacerlo tuyo para que te vayas realmente transformando.

El único propósito de este libro es recordarte o enterarte que eres un Dios en Acción, ¡oh sí! ¡Lo eres! que tú tienes todo el poder, el derecho de usar todo tu poder y la obligación de usarlo por amor a ti, eres libre y poderoso desde el día que naciste. Aunque el mundo se haya ocupado de convencerte de lo contrario.

Recordarte o enterarte que no importa el pasado, ese ya no existe, más que en tu cabeza, no importa lo que hiciste, ni las razones por las cuales lo hiciste, no importa lo que te hicieron ni sus motivos, eso también solo existe en tu cabeza y lo más importante, **_ni lo que hiciste ni_** *lo que te hicieron te define.* No son más que experiencias. Contrario a lo que nos enseñan, Dios jamás critica ni condena, ¡Dios es el creador de la vida, el amor y el **libre albedrío**! Es absolutamente incongruente que si Él nos dio libre albedrío, nos juzgue y castigue por usarlo. La crítica y la condena son creaciones humanas. "En cada tropiezo Dios dice dulce y amorosamente, *levántate hijo y comienza de nuevo, continúa ensayando, hasta que logres la verdadera victoria y la libertad de tu dominio divino".* (St. Germain, Libro de oro).

Recordarte o enterarte que tú **no** eres víctima de nada ni de nadie, más que de las ideas que están sembradas en tu cabeza ¡¿y que crees?! no están tatuadas, las puedes cambiar en cuanto te decidas. Desde que nacemos nos programan para ir de víctimas por la vida, sobretodo a las mujeres, parece que mientras más sufrimos más mujeres somos y reina de mi vida esa es la mentira más vil y desempoderante que hay.

Recordarte o enterarte que no hay bueno ni malo como nos han enseñado. Hay apropiado e inapropiado para ti, en este momento y tampoco es fijo, es tu derecho cambiar de opinión cuando cambian las circunstancias **o para cambiar tus circunstancias.**

Recordarte o enterarte que eres amable por derecho de nacimiento, que tú eres y tienes suficientemente todo lo que requieres para ser feliz, hoy, no "despúes de", no "algún día cuando...", hoy.

Voces en la Cabeza

¡Dios! que Infierno viví durante muchos años y el Día R inició por ellas, las voces, (¡Gracias a Dios! hasta hoy lo celebro) pero las desgraciadas eran terribles conmigo, piches bullies, discutían y no estaban satisfechas hasta que me sentía una total y completa mierda. Me preguntaba ¡¿a quién le hago caso?! era espantoso porque algunas me defendían, yo ya juraba que tenía una esquizofrenia más grave cada día.

Esta batalla interna (pero literal) me llevó a empezar a poner atención al lugar de procedencia de las voces dentro de mi cerebro, pero como quiera no sabía a quién hacerle caso. Me paralizaban de terror, no podía avanzar, ni tomar decisiones importantes, me daba miedo hasta hablar con gente porque ya sabía que al ratito iban a empezar a chingaaaarrr, "¿te diste cuenta de lo que le dijiste?", "¿Y si se lo tomó por otro lado?", "Seguro que por tu culpa piensa que..." ¡aaahhhh lo peorrr! Y ya sabía que no iba a terminar ahí, a mis voces les encantaba seguir un patrón, no les bastaba con inventarme problemas, como finalmente les decía que ya no podía hacer nada, empezaban a escarbarle con memorias de los peores momentos de mi vida, hasta que terminaba pisoteada y pateada por mí misma. La definición de patético es poco.

Después de un par de semanas de iniciar con la aventura de arreglar mi vida, ya sabía muchas cosas nuevas como universo, meditación, chakras, vibración, energía, frecuencia, física cuántica y nada me ayudaba a quitarme las voces torturantes en la cabeza, sabía cosas nuevas pero no sabia que hacer con ellas todavía. Entonces me topé con un dato de lo más interesante que en resumen dice así:

"**hay que saber preguntarle** a Dios/Universo y asegúrate de que tu pregunta no empiece con **-por qué-**"

En cuanto lo leí pregunté: ¿qué son las voces y cómo las callo?... cerré los ojos y esperé con curiosidad, la voz de la coronilla solo dijo: son memorias no perdonadas.

Ahora sabía que tenía un problema de perdón, pues se supone que estaban todos perdonados, entonces me pregunté:

Yo: ¿quién me enseñó a perdonar?

Se vino el recuerdo de aquella primera vez que oí la palabra perdónalo. Yo de niña: ¿que es perdónalo?

Mi madre: perdonar es como olvidar lo que te hizo para que puedan seguir jugando felices...

¡Oh por Dios! Realmente tenía un problema, me enseñó a perdonar alguien que en realidad no sabía y seguramente a ella le enseñó alguien que no sabía y así sucesivamente hasta Adán y Eva.

Busqué y busqué una verdadera manera de perdonar hasta en el diccionario, pero nada era mucho mejor a lo que me habían enseñado.

Pasaron un par de días y llegó a mis ojos un libro, "El libro de Oro de Saint Germain", publicado por primera vez en 1935. Entiendo que Saint Germain es el Padre de la Filosofía Yo Soy y si realmente lo escribió él, tuvo que haber sido en algún punto de los años 1700. Me enamoré. Lo leí 4 o 5 veces hasta que aprendí a hablar y pensar como los Maestros. Y de ahí saqué esta frase. La frase que callaría mis voces para siempre.

Con la plenitud de mi amor, te perdono (Agrega aquí el Nombre más completo posible de persona lugar o cosa) y te bendigo para que prosperes.

¡No perdía nada al intentarlo! y la repetí para la memoria torturante más recurrente. Pasaron los días y esa memoria no volvió, es más, trataba de sacarla y ya no tenía ningún sentimiento ligado a esa memoria. ¡Santo Cielo! ¡La frase funcionaba! No pensaba ser mi propia *Víctima* ni un día más así que me agarre a perdonar a todos y cada uno de los recuerdos incómodos, desde el primerito hasta el último. Terminé mucho más rápido de lo que imaginé, en una hora ya había pronunciado la frase para todos.

Ese día mi mente reconoció la dicha del silencio. (Casi pude escuchar las voces angelicales del intro de los Simpsons con sus nubesitas y todo)

Hay personas que repetidas veces nos hicieron algún tipo de daño, por lo tanto se tendrán que perdonar muchas veces, por razones diferentes, hasta que ya nunca más despierten. Y te juro que muy pronto llega el día se acaban todas para siempre.

La maravilla de esto, es que no tienes ni que creerlo ni que sentirlo, solo tienes que decirlo. Como palabras mágicas o los hechizos de Harry Potter. En mi experiencia así fue al principio, luego que comprobé que realmente me había funcionado, con el uso y más confianza le fui metiendo más pasión a la frase y mis propias palabras. Pero siempre con sus ingredientes básicos:

"todo tu amor" + "te perdono fulano de tal" + "te bendigo para que" haya algún tipo de evolución en esa persona

En esa bendición final encuentro que está la magia, ahí está lo que hace la diferencia. Pues para perdonar siempre se requiere amor.

¿Tú tienes voces o alguna persona incómoda de recordar?

Vamos a hacer el primer ejercicio juntos.

Toca tu corazón y respira profundo. No tengas miedo de recordar, estás a salvo, las memorias están en el pasado que ya no existe, aunque sigue haciendo daño. Mira con objetividad dentro de ti, busca con el propósito de perdonar, no se trata de sufrir, se trata de encontrar y sanar.

Piensa en el protagonista de alguna de tus memorias torturantes. ¿Ya lo tienes? Agrega su nombre (el más completo que te sepas) en la línea punteada.

Pronuncia: "Con la plenitud de mi amor, te perdono …….. y te bendigo para que prosperes.

Sigue tocando tu corazón y respira profundo, exhala fuerte. ¡¿Ves?! ¡Todo está bien! En un ratito comprueba que esa memoria precisamente, ya no te produce ningún sentimiento. Y eso es justamente lo que queremos lograr con todas y cada una.

Hay gente que nos hizo muchos diferentes daños y tenemos muchos recuerdos diferentes con distintos dolores que quizás ya están muy escondidos dentro de nosotros. No te preocupes, irán brotando poco a poco, y cuando broten, en lugar de sufrir, ¡CELEBRA! ¡Brinca de alegría! ¡Celebra que salió a la luz! y rápidamente usa tu herramienta, repite la frase y libérate. No importan las veces que tengas que hacerlo para la misma persona. No hay límite. El único objetivo es liberarse a uno mismo. Desengancharse del pasado y dejarlo ir. Dejarlo ahí en donde pertenece, en el pasado que ya no existe.

Pasa también, que no son muchas voces, solo es una que actúa de la misma manera que mi banda de delincuentes, es una pinche bully infernal, el peligro de que solo sea una, es que es muy difícil de identificar porque te tiene completamente hipnotizado, convencido de que eres tú y créeme, NO LO ES.

Esta voz también es terriblemente destructiva y te quiere jodido, como que se alimentara de una frustración inventada por ella misma pues como a ti realmente te está saliendo todo bien, no le has dado de comer. Solo habla en los momentos en los que empiezas a lograr algo y requiere toda tu observación para que la detectes y la pares. Lo que me funcionó muy bien contra este monstruo que vivía en mi cabeza es escuchar su frase, dejar que hable y decirle:

"Lo siento no es verdad, Yo soy... (lo contrario). Gracias por tu protección, perdón pero ya no es necesaria, ahora yo estoy a cargo, te amo, vuelve a la fuente" como puedes ver está inspirada en el Ho'oponopono, de la filosofía hawaiana.

¡¿Y qué crees?! te deja en paz y te permite seguir en lo tuyo que te está saliendo muy bien y te hace feliz.

Stan Lee, lo representa fabulosamente en su película "Los Nuevos Mutantes" Imagina que tus voces son los miedos que materializa la protagonista con su especial poder. Observa cuando ella enfrenta a su monstruo, con cuánto amor, gratitud y firmeza le dice que ahora ella está a cargo y lo manda a dormir. Esa es exctamente la representacion visual de lo que estamos haciendo con estas herramientas. Por favor, ¡tienes que verla!

Ya tienes la herramienta que soluciona el sufrimiento que producen los recuerdos, y la que aniquila al supuesto Yo que es un saboteador del éxito. Ahora te toca usarlas, mucho, ¡todos los días! Y Celebra, disfruta matando tu dolor para siempre, ¡cada recuerdo perdonado, cada miedo enviado a dormir, cada voz silenciada es una gran VICTORIA! ¡Vamos! Sin miedo, ¡Sí puedes!

Tú no eres tu pasado, tú no eres lo que te hicieron, tú no eres lo que hiciste ni lo que te hiciste, ayudarte a dejarlo ir, es el mayor acto de amor que puedes hacerle a tu persona. Tú mereces ser completamente feliz, tú puedes ser completamente feliz.

Yo Soy

Pasaron algunas semanas de mucha investigación y mucha magia. Me dediqué de lleno a observarme y ponerme atención, porque tenía que asegurarme de *desaprender* todo lo que sabía, de pensar al revés, pero hasta el momento solo tenía información, datos, me faltaba eso que le diera cohesión a todo, que lo convirtiera en una filosofía de vida y lo encontré en el *Yo Soy*, en los *principios Herméticos*, en el *mentalismo*.

Yo Soy es Tu Propia Divinidad y la fuente de todo el poder.

Yo Soy es Dios dentro de ti. No afuera, ni lejos en el cielo, dentro de ti, en el mejor lugar del universo que eres tú.

Cada vez que usas Yo Soy abres las puertas de par en par para que fluya en ti la Magna Energía, La fuente de la Vida, El Chi, Dios. Por el contrario "No Soy" o "no puedo" cierra esas puertas. ¡¿Ves qué básico es?!

Yo Soy es el más potente principio Divino de Actividad en el Universo. Porque decir Yo Soy, es decir Sí Puedo. Yo Soy es Dios, gracias a Dios existe el universo, Dios es todo en el Universo. Todo se hace porque Yo Soy (el Dios dentro de ti) quiere.

Yo Soy, por consiguiente, Soy Dios en Acción. En otras palabras, Como Dios es dentro de mí, entonces, Yo soy Dios en Acción. ¿Comprendes?

Como Yo soy Dios en Acción, entonces Yo Soy el único responsable de mi realidad, yo lo creé todo, con mis decisiones, ideas, creencias, miedos y ya no puedo echarle la culpa a nada ni a nadie, ni a Dios porque yo soy Él en acción. Por lo tanto, si no me gusta mi realidad, Yo

Soy el único con el poder de cambiarla. Y en el momento que entiendas y aceptes esto, se acabó **tu propia autovictimización**, (perdóname el pleonasmo pero es importantísimo que veas que eres tú actuando contra ti), se acabó la codependencia, se acaban los lamentos y se acaba todo tipo de sufrimiento.

Como puedes ver, esta idea de que Dios habita en ti por lo tanto tú eres Él, y tienes todo el poder sobre tu propia vida, es básica y fundamental para tomar el control y dejar de sentirte un títere en tu vida. ¡Ahora la mano que mueve al títere, es la tuya! ¿Entiendes la importancia de este concepto que el mundo se ha encargado de mostrarnos al revés? No sé a quién beneficia, y finalmente ahorita es lo de menos, lo que es urgente e imperativo, es que tomes el control del títere y dejes de aceptar todo lo que no te gusta en tu vida porque es la Voluntad Divina. Si eres padre, sabes que para tus hijos solo deseas y quieres lo mejor, Dios es lo único que quiere para ti, la verdad, no te veo jodiéndole la existencia a tu hijo por placer, porque es lo que le toca o "porque tiene que aprender". Solo te corresponde a ti, dedicarte a crear la vida que sí te gusta, para eso tenemos **el libre albedrío.**

Las palabras tienen mucho poder, una de las razones es que la mente no distingue entre fantasía y realidad, ¡ella cree lo que le digas, aunque sea jugando! por eso debemos cuidar y poner atención a las palabras que usamos, sobre todo después de un "soy" o de un "estoy", para hacerte consciente de lo que estás diciendo y sobretodo de lo que TE estás diciendo, porque tú solito te bendices o te condenas con tus propias palabras. Eres Dios en Acción todo el tiempo lo sepas o no, lo creas o no, ¿recuerdas?

Entonces cualquier cosa menos que un Yo Soy Inteligente, Yo Importo, Yo soy capaz, Yo tengo una gran corazón, Yo valgo mucho, Yo estoy sano, o si sientes que no te lo crees, Yo cada día estoy mejor, Yo Puedo, Yo soy y tengo lo suficiente para lograr mis sueños, Yo merezco un aumento, Yo merezco un ascenso, Yo merezco ser amado porque soy amable por derecho de nacimiento o si quieres más pícaros: Yo soy un Chingón, Me la pelan, A huevo que sí puedo, etc... Cualquier cosa menos que eso, es inaceptable para un Dios en Acción. ¡Porque eres todo eso y mucho más! Solo tienes que saberlo, más bien recordarlo porque tú ya lo sabías.

Esto es un ejercicio de autocorrección, diario, como espiarte a ti mismo todo el día, todos los días para que identifiques creencias, ideas, pensamientos, miedos, obsoletos o de carencia que ahora sabes que son inapropiados para ti y los modifiques. Es la única manera querido Dios en Acción, nadie puede hacer esto por ti. En un par de días esto se convierte en parte de la normalidad, y lo haces en automático sin tener que pensarlo.

El Maestro Jesús, usaba los más poderosos decretos del Yo Soy y los mortales también los podemos usar, aquí algunos de ellos:

Yo Soy el que Soy (este es el nombre de Dios, se menciona una sola vez en el antiguo testamento, en el Libro del Génesis y Jesús también lo usaba cuando le preguntaban "¿Quién eres?". Es un gran inicio de cualquier frase o decreto que te empodere). Ejemplo: Yo Soy el que Soy, a mí todo me sale bien.

Yo Soy la resurrección y la vida... (agrega aquí algo que deseas resucitar en ti) Ejemplo: Yo soy la resurrección y la vida de mi salud.

Yo Soy la puerta abierta que nadie puede cerrar. (Significa Dios dentro de ti y nadie lo puede impedir, este decreto lo puedes usar por ejemplo contra cualquier inseguridad que te esté frenando o si alguien intenta minimizarte, o llenarte de miedo).

Yo Soy el sendero, la vida y la verdad. (Para reconocer el único poder: Dios dentro de ti).

Yo soy la ilimitada Luz de Dios. (Para recordarte lo brillante que eres, que tú eres en todo y en cualquier cosa que desees).

Como estos muchos, todo el Libro de Oro son decretos para salir de cualquier situación, también puedes inventar los tuyos pero asegúrate de que te empoderen y te crezcan. Sin saber, yo uso estos desde niña "Yo nunca me enfermo" (odiaba ir al doctor, los jarabes, las inyecciones obviamente, hasta hoy), "A mi no me pican los mosquitos" ¡¿y que crees?! es rarísimo que me enferme y no me pican los mosquitos. Ahí un ejemplo clarísimo de la importancia de lo que te dices y de lo crees que es verdad.

De Rosanna Biglia aprendí unos buenísimos:

"Cada día estoy mejor" que aplica para cualquier situación y es una gran respuesta a cualquier "¿cómo estás?" antes que empezar a pronunciar lamentos, pues estarnos lamentando, ir de víctima nos debilita, nos desempodera, hace que permanezca de manera sostenida esa situación y nosotros mismos nos condenamos a seguirla sufriendo porque la aceptamos y creemos que es verdad y claro que NO, nosotros ya no hacemos eso.

"Yo soy más rápido que el tiempo" si tienes muchos pendientes o hay mucho tráfico, o se te hace que vas tarde, este decreto es maravilloso, úsalo antes de condenarte con "no me va a dar tiempo", "voy a llegar tarde", "no voy a llegar", "no la voy a hacer", "no voy a terminar". ¿Te suena conocido? Además de que te vas a evitar una enorme carga de estrés y ansiedad innecesaria y por supuesto que vas a llegar a tiempo.

Los decretos son una gran herramienta para salir de muchas situaciones por no decir de todas las situaciones, pero ahorita su propósito más importante, es limpiar tu mente de basura y evitar que caigas en viejos hábitos de pensamiento (y palabra) autodestructivos.

Gratitud

Mientras tanto, más cosas sucedían cada vez que encendía mi celular. Ahora me encontré un test para personas altamente sensibles, desarrollado por la Dra. Julie Bjeland, especialista en ese tema. Eran unos 80 síntomas que tenía que palomear si me identificaba con ellos.

A pesar de tanto trabajo autorreparador seguía sin poder controlar mis reacciones, todavía tenía episodios de ansiedad, salir a la calle me abrumaba y me vaciaba, en fin... el resultado del test: ¡98% hipersensible! Wow, sabía que mi umbral del dolor era básicamente nulo, y respecto a eso siempre dije "tengo el doble de terminales nerviosas en el cuerpo" pero nunca me imaginé que la hipersensibilidad fuera la razón de tantas situaciones insoportables para mí, al punto que sospechaba que había nacido con un grado mínimo de autismo que nunca me diagnosticaron.

Descubrí algo fundamental, ahora tenía una explicación médica a muchas condiciones de mi personalidad. Obviamente pasé por el psiquiatra en varias ocasiones a lo largo de la vida, pero nunca descubrieron la causa, ni mencionaron nada respecto a eso, me di cuenta de que ellos trataban los síntomas y que no estaba destinada a sufrirlos toda la vida como ellos me habían asegurado.

Julie Bjeland estima que de un 15 a un 20% de la población es altamente sensible y te enseña a convertir esa maldición en una bendición. Si te identificas con esto, te recomiendo mucho su entrenamiento.

La herramienta más hermosa y sanadora que aprendí de ella, es empezar un diario de Gratitud utilizable a primera hora de la mañana. Sí, antes de checar tus redes. Es un cuaderno, que vas a dejar a la vista en tu recámara muy cerca de tu cama. El efecto psicológico de hacer esto, es muy importante, tanto el estarlo viendo, como lo que vas a vaciar en él.

La gratitud es un sentimiento de alta vibración que llena tu cuerpo de sustancias reparadoras. La gratitud es también el ingrediente clave en todo deseo, en toda plegaria y sobre este tema he comprobado que nos lo enseñan al revés. Pedimos lo que consideramos o "creemos" que nos falta y normalmente solo agradecemos lo que tenemos. Y en ese "creer que es verdad que no lo tengo" es donde vale madre todo. El sufrimiento y ansiedad que causa identificar una carencia para empezar, baja tu vibración hasta el piso, en tu mente, tu vida apesta porque no lo tienes, mientras más te convenzas de que te falta, más te hará falta en tu vida porque eso es lo que estás diciendo y pensando y viviendo, convencido, entonces así es y seguirá siendo. De todo esto hablaremos más adelante. Lo que quiero transmitirte ahorita es que la gratitud TIENE que ir primero, ¿quieres un "milagro"? Agradece que ya lo tienes y siéntete como si ya lo tuvieras, recuerda que todo es mente, y si en tu mente lo tienes, tú estás bien, todo está bien, y actúas para realizar ese "milagro" permitiendo que la vida/universo/Dios conspiren a tu favor. Por ejemplo: ¿quieres un gran día? En lugar de pedirlo, (que implicaría el hecho de creer que no lo tienes y eso no conviene), ¡agradece que hoy es un día maravilloso, exitoso, abundante y todo te sale bien! Y siente que así es, **porque así es**. ¡¿Ves la diferencia?! Psicológicamente esto es poderosísimo, la duda, la incertidumbre, el miedo se reducen al mínimo.

Empieza con 3 cosas por las que sientes agradecimiento. Pueden ser tonterías, el chiste es que empieces a crear el hábito de observar todo por lo que uno puede sentirse agradecido, hasta en los momentos más difíciles y trágicos que pudieran presentarse en la vida.

A los pocos días empezarás a disfrutarlo, a hacerlo por gusto y por salud porque te vas a sentir extraordinariamente bien. Las palabras y las ideas empezarán a fluir pues te darás cuenta de que por más feos los días, siempre hay más cosas por las cuales estar agradecido, empiezas a tener la sensación de que tu vida es maravillosa y eres muy afortunado, comenzarás a descubrir la manera de celebrar hasta los peores momentos, te enfocarás en el aprendizaje y no en el dolor. Es realmente maravilloso y muy sanador.

Créeme, en este cuaderno podrás vaciar tus más hermosos sentimientos y los podrás hasta ver de frente, además es un lugar en donde puedes también decir eso que jamás pronunciarías y que secreta y silenciosamente te está matando poco a poco. Lo que no decimos nos enferma, las ideas que no son apropiadas para ti terminan afectando la salud, el cuerpo protesta de la única manera que puede cuando no le gusta lo crees o lo que piensas.

Sobre este tema hay mucha información y muchos estudios, hay incluso un diccionario muy extenso de enfermedades y padecimientos que te explica cuál es la causa de cada uno, lo encuentras en sanateysana.com. ¡Advertencia! No es fácil enfrentarse a la verdad detrás de una enfermedad, si lo vas a hacer, hazlo con objetividad y con el propósito de encontrar la causa y acabar con los efectos, con el objetivo único de saber qué creencia debes modificar. Jamás se trata ni de sufrir, ni de lamentarse, ni de sentir lástima por ti mismo, ni de hacer un drama, se trata de agarrar al toro por los cuernos, hacerte responsable de ti y sanar. ¿Vale?

Entonces, una manera de ver frente a frente lo que traes dentro para modificarlo, es llevar un diario. Es mejor que un mejor amigo, pues no te interrumpe, no te juzga y realmente puedes ser 100% sincero y directo. Nada de lo que puedas escribir ahí puede afectar a nadie, nunca. Ahí también puedes desahogarte en un arranque de furia sin tener que arrepentirte después de todo lo que dijiste, ni sentirte culpable por haber herido a quien amas, sin tener que pedir perdón, sin empeorar las cosas, en fin, es el lugar más seguro del mundo para hablar de lo que sientes, contigo.

No se trata de que escribas con detalle cada segundo del día, para nada, es un diario de gratitud y un lugar en donde puedes además desahogar todo lo que sientes.

El Poder de las Palabras

Como te comentaba, todas las palabras tienen poder, sí importa qué palabras usas, qué palabras te dices y de qué manera hablas sobre otras personas. Solo hay dos opciones mi querido Dios en Acción, cuando hablas, o te bendices o te condenas, por ley universal de causa y efecto:

"Toda causa tiene su efecto; todo sucede de acuerdo con a ley; la suerte no es más que el nombre que se le da a una ley no conocida; hay muchos planos de causalidad, pero nada escapa a la ley". (Hermes Trimegisto).

Si prefieres una razón científica: Por la tercera ley de Newton "A toda acción le corresponde una reacción, igual pero en sentido contrario".

Nada ni nadie se salva de esto, lo sepas o no, lo creas o no, es inevitable e ineludible, no hay quien sobornar ni a quien enviarle un justificante.

Un reconocido escritor Japonés El Sr. Don Masaru Emoto, lo probó en su famoso experimento científico con agua, en donde demostró el efecto de las palabras en las formas de los copos de nieve. ¿Lo recuerdas? Bueno, pues esa es la prueba visible del poder las palabras, y la prueba de que las palabras también están sometidas, inevitablemente, a la ley de causa y efecto.

Incluso en la remota posibilidad de que las palabras únicamente tengan efecto en el agua, solo la sangre está compuesta entre 80 y 90% de agua, las células entre 70 y 80% y cada órgano con sus respectivos porcentajes, por lo tanto es innegable que las palabras tienen efecto en nosotros pues somos casi pura agua.

Pero no solo es la vibración del sonido que se emite con la voz, es la intención con la que se emite ese sonido. El sentimiento que te impulsó a pronunciarlas. Todo eso sumado es la acción, la reacción será con la misma intensidad, pero contra ti.

Por amor propio, por egoísmo, por la razón que quieras, si no hay nada bonito que decir, mejor no decir nada.

Antes que la luz, fue el sonido, Dios tuvo que decir "hágase la luz" para que ésta existiera. Pero primero se le tuvo que haber ocurrido la idea. Las palabras crean. Para pronunciar una palabra primero tienes que haberla pensado.

De Mary Morrisey escuché que "todo es creado dos veces". Primero en tu cabeza y luego con tus acciones. Todo lo que existe fue creado dos veces, la ropa que traes por ejemplo, a alguien se le tuvo que haber ocurrido la idea exacta y luego hizo la acción de crearla.

La manera de crear una vida que te gusta, es pensando una vida que te gusta para que puedas actuar en consecuencia. Jamás se trata de que te quedes en pensamientos y palabras, es decir, en el puro deseo, esa sería una manera muy ineficiente de ser positivo. Se trata de que transformes tus pensamientos en tus aliados, para que reúnas el valor de actuar y hacer todo eso que sabes, que haciéndote feliz también te llevará a alcanzar tus sueños.

La manera de crear tu felicidad, es pensando cosas que te hacen feliz. ¡Tú la creas! No hay nada que buscar y menos afuera de ti. Tú la creas primero en la mente y luego con tus acciones. La felicidad es momentánea, mayormente sucede cuando lo que te imaginaste es idéntico o muy parecido a la realidad como resultado de tu dedicación, ¡es un milagro cuando sucede! Un milagro que tú creaste para ti. La alegría sí es un sentimiento que puede ser permanente por decisión y no requiere más que un esfuerzo mental que provoca que todos tus días sean muy maravillosos, en lo que esperas a que todo se alinee y que por tu esfuerzo llegue un momento en que te sientas FELIZ. Por lo tanto, trabaja por tu felicidad con toda la alegría que puedas y si a esto le agregamos la gratitud anticipada del mejor resultado posible, ayayay mi querido Dios en Acción, te convertirás en una máquina creadora de #tuspropiosmilagros.

La manera de crear salud física, son los pensamientos y creencias saludables. ¡Tú la creas! Hay otra ley universal inquebrantable que se llama la Ley de Correspondencia: como es arriba es abajo, como es abajo es arriba, como es adentro es afuera, como es afuera es adentro. (Hermes Trimegisto, El Kyvalión).

Si lo decimos en términos terrícolas, tenemos: Mente sana en cuerpo sano, cuerpo sano en mente sana. La enfermedad no es un castigo de Dios ni mucho menos mala suerte, es algo que tú creaste, que tú también puedes corregir y arreglarlo de raíz, encontrando la causa en tu mente. (Junto con los tratamientos médicos claro está). La medicina alópata salva muchas vidas, Gracias a Dios por ella y los médicos, bendiciones para todos. Ellos atienden y salvan el cuerpo físico, te quitan los síntomas y arrancan el tumor de tu cuerpo, pero esa es solo la punta del Iceberg. Hay mucho más abajo de la superficie. Al hacer su trabajo, con todo el conocimiento y experiencia que tienen, tienden a sembrar muchos miedos y a hacer sentencias fatalistas, como "te quedan tres meses de vida" o "esta enfermedad es incurable" porque solo están viendo la superficie y no contemplan el poder de la mente. Así como es innegable que salvan todas las vidas posibles, hay muchos casos de diagnóstico fatalista en los que le dieron X meses de vida al paciente, éste se lo creyó, por lo tanto murió al cabo de esos X meses y al hacerle la autopsia descubren que no tenía esa enfermedad y no tenía que morir. Esos son ejemplos **radicales**, de la importancia de lo que crees que es verdad. Asegúrate de creer cosas apropiadas para ti, porque eres superpoderoso mi querido Dios en Acción. No hay incurables y nadie puede saber cuánto nos queda de vida. El mejor doctor que tuve la fortuna de conocer (E.P.D. Dr. Juan Gallegos) nos atendía por teléfono pues vivía en otra ciudad, y después de escuchar los síntomas terribles, con su voz calmada, alegre y dulce siempre decía: "aha, no es nada, no es nada, no te preocupes dale esto y esto y esto y mañana va a estar bien y si no, me llamas" y el señor, SIEMPRE tenía razón, nunca tuve que llamar al día siguiente más que para darle las gracias. Creo que era talentosísimo, pero creo más en el poder de la forma en que daba su diagnóstico.

La manera de crear abundancia, son los pensamientos y creencias abundantes, sin ideas no actúas. ¡Tú la creas! Dentro de la abundancia entra la riqueza y en nuestra cultura, la mayoría de las creencias con respecto al dinero son de carencia. El concepto que te injertan desde niño, (y digo te injertan porque eso lo traemos hasta la médula), es que "los ricos son en esencia malos", que "tuvieron que hacer mucho daño para amasar tanto dinero", que "el exceso de dinero te corrompe", en fin... La lista de estupideces es interminable. ¿Qué es lo que te contestó tu mamá cuando de la nada le pediste un juguete en el súper? "¡No tengo dinero!" En automático ¡y aunque lo hubiera tenido!... "no tengo dinero" hazme el fabron cavor, osea "jodido para siempre" porque esa sentencia no tiene fecha de caducidad, te ruego que la borres de tu vocabulario. ¡¿Te das cuenta de las atrocidades que cometemos en nuestra contra por no estar conscientes de cómo estamos programados?! Y sí, hay ricos muy "malos" pero también hay pobres muy "malos", la maldad no tiene nada que ver con la cantidad de dinero que tengas en el banco. Te ruego que cambies el automático "no tengo dinero" por algo más creativo como "en este momento tengo otras prioridades", si estás convencido de que no tienes dinero estás convencido de que tampoco puedes generarlo, porque según tú, no has podido hasta hoy, entonces para qué perder el tiempo ideando formas de ganarlo si no tienes y lo más seguro es que ni puedes, ¿me explico? Te lo cambio por "siempre tengo mucho más de lo que necesito", "siempre tengo más que suficiente" y cuando gastes, gasta con gusto y gratitud, con la seguridad de que volverá a ti porque sieeempreee ha vuelto y seguirá volviendo. "Todo lo que gasto vuelve a mi multiplicado", "mi trabajo siempre me da mucho más de lo que necesito" en fin, pensamientos A-BUN-DAN-TES, no de carencia. "Yo soy una buena persona, vivo en armonía y gano mucho dinero haciendo muy bien mi trabajo", (es decir resolviendo muy bien los problemas de otros, porque el trabajo es eso y nada más, resolver problemas de otros para ganar dinero, es monetizar tu talento. ¡¿Dónde hay maldad ahí?!).

La manera de crear una relación amorosa saludable, es con pensamientos y creencias saludables. Para que puedas actuar en consecuencia. Igual en este tema hay una lista interminable de estupideces que aprendemos desde niños. Empezando por la media naranja caraaajooo, tú no eres la mitad de nada, eres un todo completo en constante crecimiento y lo peor que puedes hacer en una relación, en la realidad de hoy, es disminuirte a la mitad para caber en la vida de tu pareja. Tú eres un todo completo, tú eres el único que puede llenar y sanar tus vacíos, nadie puede hacerlo por ti, y mientras más completo estés, más hermosa será tu relación con otro ser completo. Completo+Completo hacen un completo enorme, vacío+vacío no hacen un completo, hacen un vacío más grande. La realidad de hoy es muy distinta a la realidad en la que crecimos y mucho de lo que viste en tu infancia, que era cultura y tradición matrimonial ya no aplica, como los roles exclusivos para el hombre o la mujer, hoy el hombre que no sabe las labores del hogar o la mujer que no trabaja ya no son mayoría.

¿Me explico? ¿Reconoces ahora el poder las palabras que forman ideas y creencias? Entonces te toca. Ahora que ya pones atención a tu mente, y que ya llevas un diario, identificar las ideas y creencias limitantes es otro de tus objetivos, para que las puedas cambiar en ti, pues mucho más de lo que te imaginas nos lo enseñaron al revés. Te vas a sorprender porque ahora que ya pones tu atención en las palabras, vas a aprender mucho de la gente, sobre todo, las cosas que tienes que cambiar en ti. Son nuestro espejo. La mayoría de las ideas sembradas en nosotros entraron por repetición, porque es lo que vimos y escuchamos incontables veces en nuestra infancia y la manera de deshacerte de ellas es igualmente por repetición. Para eso son los decretos. Un tiempo llené de post-its mi casa, para que no se me olvidara nada, hasta escribí en los espejos "Yo soy Sufiente" y "Yo soy amable por derecho de nacimiento" así, me recordaba todas las nuevas ideas varias veces al día. Claro que parecía que me estaba volviendo loca, pero no, estaba evolucionando.

Te dejo esta frase de los Maestros:

"Todo aquello con lo que estás de acuerdo, te identificas y crees que es verdad, lo decretas para tu vida".

Ahora entiendes como funciona mi querido Dios en Acción, elige mejor "con lo que estás de acuerdo, te identificas y crees que es verdad" para que crees cosas más apropiadas para tu vida.

Bueno y Malo

Todo es dual. Todo contiene su opuesto. Los opuestos son idénticos en naturaleza pero distintos en grado, y no pueden existir uno sin el otro. Ésta es otra Ley Universal, La ley de Polaridad, en oriente la representan con el Yin Yang, pero esta ley no es exclusiva de ellos, en la época de Abraham, la escribió Hermes Trimegisto, el padre de la Alquimia y del Hermetismo, su sabiduría se usa en todas las religiones.

Un ejemplo muy claro de que todo contiene su opuesto es el calor y el frío, son dos extremos de la misma cosa, solo se diferencian en el grado, son diversos grados de la misma cosa. Lo mismo pasa con la luz y la obscuridad, no hay manera de saber donde empieza uno y donde termina el otro, blanco y negro, alto y bajo, grande y pequeño, bonito y feo, amor y odio, bueno y malo...

Nadie es totalmente malo o totalmente bueno, esto aplica para todo y para todos, para ti también mi querido Dios en Acción, por eso, antes de juzgar a alguien, solo por lo que has podido notar, digamos que por tu bien, mejor bendícelo para que salga de esa situación.

Estamos entrenadísimos para automática e inconscientemente juzgar a la gente, crecimos viéndolo (y viviéndolo) en las familias, en los amigos, en la televisión, en las revistas, ¡se nos da la viboreada bien fácil! ¡¿A que sí?! es de lo que más disfrutamos en las reuniones sociales, el chisme apasionado está en nuestra naturaleza. Nos reímos de la desgracia ajena. Gozamos despedazando al que no está presente. ¡Es facilísimo y divertidísimo! ¿no crees? ¡Sí lo es! No caigas más en el juego querido Dios en Acción recuerda: "Todo aquello con lo que estás de acuerdo, te identificas y/o crees que es verdad, lo decretas para tu vida". En otras palabras eso que observas en otros, lo perpetúas en ti.

Toda esa masa de "basura verbal", expresada además con tanta pasión en contra de otro, al otro no le va a tocar un pelo, digamos que estás "escupiendo p'arriba" y te va a caer a ti inevitablemente. Ya no te hagas eso. Ahora sabes el poder de las palabras, mejor habla cosas apropiadas para que se te regresen cosas apropiadas, para que se te perpetúen cosas apropiadas.

Hay otra manera de explicar esto, fue de las cosas más difíciles de entender para mí, el hecho de que lo que te caga de otro lo tienes tú mismo, que somos espejos unos de otros.

Para empezar, la clave está en entender que si reconoces la envidia, lujuria, rencor, gula, ira, avaricia, falsedad, vanidad, miedo, etcétera, en la persona de enfrente, es que conoces muy bien esos sentimientos porque tú también los has sentido, pero no te definen ¿cierto? No importan las veces que hayas caído en esos sentimientos, eso no eres tú, tomémoslo como que fue un "lapsus brutus", bueno, pues lo mismo le pasa al de enfrente y nos pasa a todos pues somos humanos, cada uno viviendo su propio proceso.

Otra cosa muy importante es entender, que esa persona de enfrente, está viviendo su libertad, así como tú, está tomando decisiones con su libre albedrío, así igualito que tú, y si se te entrinca la tripa al reconocer actitudes en la otra persona, es sola y puramente un problema que está en ti. Las personas hacen, "no te hacen" ¿comprendes? Y si te incomoda es algo que tienes que sanar tú, en ti.

Sabiendo esto, es mucho más inteligente mirar lo que te muestra el espejo (osea el de enfrente) con humildad y objetividad para cachar en dónde tienes que mejorar tú, y en lugar de juzgarlo, agradecerle porque te muestra tan claramente tus propias áreas de oportunidad.

Podría ser también que lo que se te despierta al ver el espejo de enfrente, es coraje porque esa persona tiene las agallas de hacer eso que tú no te atreves porque tú no te lo permites, tus propias ideas limitantes te lo impiden, ¡¿qué interesante verdad?! Los espejos (las personas de enfrente) son unos grandes maestros. Aquí una vez más la importancia de lo que crees que es verdad, la importancia y el poder de las palabras.

Sí querido Dios en Acción, muy seguido ver a otros viviendo su propia libertad nos da coraje, porque nos muestran nuestra falta de huevos, peeero ¡nada de qué lamentarse y sí mucho que celebrar! ¡Ahora lo sabemos! Y ya sabes lo que tienes que hacer para vivir tu propia libertad. CAMBIA TUS CREENCIAS, ¡recupera tu poder! ¡Arrebátale las riendas de tu vida al qué dirán! Deja de voltear por encima del hombro y cuidarte las espaldas, que con Dios dentro de ti, no hay nada que temer ¡y sí mucho que vivir!

"Yo soy suficientemente todo lo que requiero para ser ……."

Y sí, lo eres.

Apegos

Sobre apegos, hay mucho más que el apego a personas y todos causan mucho estrés en la espera, dolor y decepción cuando no obtenemos lo que esperábamos. Por eso, desapegarte es uno de los favores más grandes que te puedes hacer a ti mismo para evitarte sufrimiento.

El apego es inconsciente y nos lleva a estar haciendo las cosas esperando algo externo a cambio, que no siempre llega y eso molesta, te sientes abusado, duele, te hace sentir insuficiente.

Haz las cosas porque te nace, porque te hace feliz hacerlas, porque te enriquecen, por el gusto de ver el efecto que tiene en los que te rodean, porque eres muy bueno haciéndolas, por amor, por amor a ti, porque te da paz, en fin, hay miles de razones constructivas para hacer las cosas, lo que es destructivo es esperar un cierto resultado. Dios, es el mejor papá, quiere solo lo mejor para ti, te quiere ver rico, realizado, sano, enamorado, empoderado, agradecido, feliz… (igual que lo que tú quieres para tus hijos) confía.

El apego está motivado por algún miedo y es mega estresante. Miedos hay una larga lista: Miedo al fracaso, miedo a quedarte solo, miedo a estar solo, miedo perder dinero, miedo a ganar dinero, miedo perder, miedo a triunfar, miedo al futuro, miedo a no ser suficiente, miedo a no agradar, miedo al qué dirán, miedo a no tener el control, miedo a perder el control, miedo a lo diferente, miedo a lo desconocido, miedo de salir de tu estado de confort y la lista continúa.

Tu felicidad, no depende de nada ni de nadie más que de ti.

El apego a una idea: chispas esto es de lo más común, es como cuando vas a tal restaurante a pedir LA cosa que te fascina y no hay.

Qué coraje, qué decepción pero ya estás ahí, tienes dos opciones o cambias de idea, es decir, pides otra cosa que también está buenísima, o te vas con tu coraje a otro lado… Y sucede con todo, en cualquier ámbito y es difícil cambiar de idea, desde un color de pintura hasta la forma de educar a tus hijos, la cosa es que la vida se encarga de que lo hagas, tarde o temprano, mejor despégate rápido para que no sufras.

El apego a un resultado: pasa muchas veces que te estresa el producto final de un trabajo por ejemplo, incluso cuando haces eso que sabes hacer tan bien. Libérate desapegándote del resultado porque estás haciendo tu mejor esfuerzo y por supuesto que te va a salir. Confía en ti, en tu capacidad y confía en el Universo. No tiene sentido estar estresado ¡y te va a salir mejor! Si un cliente no se ha decidido, busca otro mientras, el resultado de tu examen va a ser el mismo si lo esperas estresado o confiando, la entrevista te va a salir mejor si confías, da el primer paso para ese negocio, confía. El apego a un resultado es un miedo que está en el futuro que todavía no existe, **"créalo mejor esperando lo mejor"**, no un cierto resultado *muy específico*.

El apego a las personas: es mucho más sano, no esperar nada de nadie. No te pertenecen, no te deben nada, así como tú no les perteneces ni les debes nada. Es enfermizo en lo que esto se convierte: manipulación, celos, desconfianza, envidia, coraje, codependencia y cualquier cantidad de sentimientos de muy baja vibración. Desapégate de lo que esperas de cada persona en tu vida, NUNCA VAN A ESTAR A LA ALTURA DE TODAS TUS EXPECTATIVAS y no tienen por qué estarlo, déjalos vivir su libertad y tú vive la tuya. Tus hijos te lo van a agradecer, tus padres, tu pareja, tus hermanos, tus amigos, ¡tú mismo te lo vas a agradecer! Y cuando no esperas nada de ellos, cada mínimo detalle y cada mínima muestra de cariño, son lo que siempre tuvieron que haber sido, un verdadero regalo y significan un mundo para ti, ahora disfrutas y celebras cada uno en lugar de darlos por hecho.

Aquí encuentro otra situación de apego ligada a las creencias aprendidas sobre el amor. Cuando alguien te deja, ya no quiere una relación contigo o viceversa, hay muy comúnmente una etapa de duelo que puede prolongarse demasiado debido a una batalla interna de lo que supuestamente siente el corazón y lo que supuestamente dice la razón. Uno jura que el corazón le pide volver a tener contacto con esa persona y que la razón es la que se opone... pero:

Te informo que esto también está al revés mi querido Dios en Acción.

Sí, hay neuronas en el corazón, pero éstas funcionan diferente, no trabajan con la memoria como las del cerebro, y sí, te hablan, pero con otra sabiduría, una más intuitiva y enteramente de protección, la que viene de arriba, lo que llamamos corazonadas por ejemplo. Entonces por lógica, la razón, que es la que depende de las memorias, es la que podría hacerte sentir que extrañas, (el apego), es la que quiere tener contacto de nuevo, (el apego), y el corazón que es el intuitivo, es el que te protege y te dice que no para que sigas adelante. ¡¿Entiendes?! Entonces "en el corazón no se manda" dicen, y seguramente tienen razón, PERO EN LA MENTE SÍ, ahora que sabes que tu corazón es como un interfón con el de arriba y que es el que te protege, esa idea de que estás destinado a sufrir de desamor toda tu vida es **absurda** pues ya sabes que **sí tienes el control** porque **es la mente la que se resiste a dejar ir** (y no el corazón).

¡¡¡Ta'cabrón todo lo que descubres cuando te das cuenta de que el mundo está al revés!!!

El apego a las cosas: un ejemplo **extremo** sería un "acumulador" estas personas que compulsivamente consumen y almacenan todo lo que ha tocado sus manos. Pasa con ropa, zapatos, cosméticos, artículos decorativos y cantidad de cosas más, periódicamente deshazte de lo que no has usado en años. Deja ir esa energía olvidada y almacenada que ya no te sirve y alguien más la necesita. Apego a una cosa es lo que siente un niño cuando sufre porque no encuentra su mantita. Los adultos también tenemos ese tipo de apegos, identifica cuáles son tus "mantitas" y deja ir.

Apego al estado de confort: esto es parte del apego a un resultado pero merece su propio párrafo ya que es de las cosas más difíciles de hacer. "Para qué molestarse ahorita", "sí me gustaría, pero no urge", "tengo tiempo pero estoy cansado", "mejor saco otros pendientes"... En otras palabras el apego al estado de confort **es la procrastinación de todo eso que te encantaría y te convendría, pero no haces:** Ese mejor trabajo, pedir ese aumento, poner ese negocio, aterrizar esa idea, terminar ese proyecto, hacer esa reparación, ir a ese lugar, aprender sobre... ¿recuerdas que el apego está motivado por el miedo? ¡Detrás de este apego hay un montón de miedos! Pero nada que lamentar y sí mucho que celebrar, ¡ahora ya lo sabes! cambia tus creencias por unas más apropiadas para liberarte de tus miedos y ¡a darle que tu vida es tuya y el mundo es tuyo!

"Yo soy la inteligencia que controla y ordena mi mente, mi cuerpo, mi mundo y mis asuntos armonizándolo todo" Y sí, tú eres.

Ansiedad

En mayor o menor grado esto es pan de todos los días, solo tienes que prender las noticias a primera hora de la mañana para empezar a acelerar el ritmo cardíaco y empezar a sentir que se te arruga el corazón y se te enredan las tripas. Luego el tráfico, los problemas en la oficina… ya con eso tienes para en las primeras 3 horas de la mañana haber disparado tu ansiedad a niveles dañinos durante todo el día.

La normalidad de hoy es sumamente estresante, por todos los medios te bombardean con miedos para que consumas y te portes "bien". Ni qué decir de la presión familiar y social sumada a tu propia presión. Pero todo esto se soluciona facilísimo.

Por salud y bienestar, si realmente quieres empezar a controlar tu nivel de estrés y ansiedad, hazte cargo de decidir mejor qué información permites que te llegue por los ojos y por los oídos. ¡Hazte el grandísimo favor de no enterarte de cosas que te compriman! No pongas las noticias a primera hora de la mañana, objetivamente, por favor analiza, ¿de qué te sirve? ¿Qué haces realmente con esa información? ¿Qué cambia en tu vida por estar enterado? ¿Qué vas a poder cambiar tú en todo eso? ¡De todas maneras te vas a enterar! La mitad de las cosas que habla la gente son todas las tragedias que suceden en el mundo ¡y la otra mitad son sus propias tragedias! Te vas a enterar de todas formas, para qué quieres ser el primero en saberlas, si solo te enferman.

Luego sigue el tráfico, obvio tampoco vas a ir oyendo noticias en el trayecto, cualquier cosa que te estrese está descartada, musiquita chida, un audio libro, silencio, chistes de Franco Escamilla, cualquier cosa que te expanda. Y en caso de que se te atraviese "un imbécil", o que esté parado el tráfico, y tu corazón se acelere, antes de perder el control de tus emociones, y ya que estas libre de peligro, vas a tocar tu corazón, vas a visualizar un hilo dorado que baja del punto medio entre tus orejas hasta el corazón y vas a hacer respiraciones lentas y profundas hasta que tu corazón y tu mente se calmen, pueden ser 5, pueden ser 10, ¿y que tiene? La idea es que vuelvas a tu calma y alegría lo más rápido posible. Esta técnica de tocar tu corazón y respirar se llama "Coherencia Cerebro-Corazón" Gregg Braden, Joe Dispenza y Bruce Lipton, grandísimos maestros los tres, hablan de ella y es lo máximo para recuperar la calma.

A continuación estás a punto de entrar a la oficina, lo primero que hay que hacer es dar la orden de que Yo Soy se haga cargo de armonizarlo todo:

"Yo Soy la única presencia actuando aquí armonizándolo todo".

Cuando empiecen a llover los problemas:

"Yo Soy esto no lo acepto, Yo Soy hazte cargo" y continuas haciendo tu mejor esfuerzo para solucionarlos con la confianza de que el universo conspira a tu favor. Y si llegara a acelerarse tu ritmo cardíaco, ya sabes qué hacer, tocas tu corazón y respiras profundamente hasta que se calme.

Ya tienes medio día controlando el nivel de estrés y ansiedad, tan solo controlando lo que sí puedes controlar, a ti mismo. Ya será tu decisión si participas en conversaciones estresantes, que no sean necesarias para el objetivo de tu trabajo, pero tengo la seguridad de que te conviene más cambiar de tema.

De vuelta al hogar lo mismo, "Yo soy la única presencia actuando aquí armonizándolo todo" disfruta a los tuyos, algo agradable en la tele, un buen libro y tan tan, lograste un día al mínimo de ansiedad, imagina cómo dormirás, ¡cómo despertarás al día siguiente! Ahora imagina dos días seguidos al mínimo de estrés, una semana, un mes... ¿el paraíso no? Sí, lo es, y sí se puede. Yo lo logré siendo hipersensible, ¡claro que tú también lo puedes lograr!

"Yo soy la presencia que me precede armonizándolo todo"

Perdón

Ya tienes una herramienta para perdonar a otros, ahora toca perdonarte a ti mismo, como ya perdonaste, ahora con más razón mereces ser perdonado. (Siempre lo has merecido, pero ahora más).

Cuando estás listo para dormir, es un buen momento para perdonarte y perdonar, pues todos los días se cometen errores y no queremos que se nos vuelvan a acumular. Por eso te paso esta frase superpoderosa:

"Yo Soy la Ley del Perdón corrigiendo todos mis errores, su causa, su núcleo y todos sus efectos".

Si te visualizas envuelto por un fuego violeta que no quema, transmutas toda esa energía densa en amor, incluso le puedes ordenar a ese fuego que trabaje toda la noche mientras duermes, transmutando miedos, traumas, errores pasados, lo que necesites, tú eliges, solo dices algo así:

"Yo Soy la llama Violeta, quiero que durante la noche se ocupe de transmutar tal cosa, su causa, su núcleo y todos sus efectos".

La energía es súper sabia porque siempre contempla tu intención y mientras ésta sea apropiada, puedes usar tus propias palabras, sin peligro a equivocarte.

En YouTube encuentras meditaciones del perdón, del Yo Soy y de la Llama Violeta, con ellas puedes aprender mucho de su uso, su ilimitado alcance y todo su poder.

Mi querido Dios en Acción, tú eres Yo Soy y tú eres la Llama Violeta, úsalos sabiamente para tu propio beneficio. Si tú estás bien, todos a tu alrededor están bien. Primero tú, yo sé, eres un alma maravillosa y quieres ocuparte de los tuyos primero, **pero es al revés**, tienes que ocuparte de ti primero, (como dice el azafata en el avión, el oxígeno primero Tú y luego ayudas) y con el tiempo y con tu ejemplo irás enseñando y demostrando todo el poder que alguien puede tener sobre su propia vida y estar muy bien, a pesar de los huracanes que pasen alrededor.

"Yo Soy La ley del Perdón" Y sí, tú eres.

Meditación

Puede ser que cuando escuchas esta palabra, te viene a la mente una imagen de alguien vestido de blanco, que pasa horas en el campo abierto, sentado en flor de loto con los pulgares tocando la yema del dedo mayor, con la espalda derechita y diciendo "ommmmmmmmmmmmmm" al tiempo que se incinera un incienso y escucha música tribal.

En toda esta travesía me he dado cuenta de que meditar es únicamente estar aquí y ahora con la mente en silencio para que te puedas expandir, descomprimir, **para que puedas respirar.** En principio, realmente no importa la posición que elijas, ni en dónde estés, ni qué dedo esté tocando tu pulgar, ni tiene que haber olor a incienso, ni tienes que tener los ojos cerrados, ni tiene que haber musiquita, no tiene que tomarte horas pero muy por sobre todas las cosas, no es indispensable que tenga un objetivo trascendental. El chiste es que te oxigenes y te calmes el mayor tiempo posible durante el día, te puede tomar 2 minutos, pero su efecto es de horas.

Sí, hay meditaciones guiadas súper maravillosas por todo la WWW, con un objetivo mega importante, que puedes hacer cuando tengas mucho tiempo libre. Pero no tienes que esperar a tener mucho tiempo libre, ni un espacio zen en tu hogar o esperar a estar en la naturaleza. Lavando los trastes y manejando también puedes hacerlo, con eso te digo todo, pero ¡prohibido cerrar los ojos!

A meditar se le otorga mucho misticismo, que puede asustar y hacerte sentir que necesitas saber mucho o un shaman para poderlo hacer y nel pastel. Claro que sí, hay momentos indescriptiblemente mágicos en meditación, inmesurablemente trascendentales con revelaciones y realizaciones que te nutren para siempre, pero eso es digamos, como un efecto secundario de un ritual que vas desarrollando con la práctica y el gusto de hacerlo y vivirlo, NO ES el objetivo principal de todo tu día ¿me explico?

El concepto popular de "meditar" es que vas a pensar mucho, esto también está al revés mi querido Dios en Acción, porque precisamente meditar es tooooodo lo contrario, es no pensar en nada, meditar es silencio interno precisamente para poder escuchar a tu corazón que es sabio, que es tu interfón con el todopoderoso, que no hurga en las memorias para darte una respuesta y para que puedas recibir información muy privilegiada de más arriba. Tan taráaaaan, **pensar sabotea el objetivo de una meditación.**

¡El objetivo de una meditación se define antes de iniciarla para que no tengas que pensar! Antes de meditar es cuando formulas las preguntas adecuadas para que tu mente pueda estar en total silencio y te puedas enterar de las respuestas.

Las preguntas adecuadas nunca empiezan con "por qué" ya sea para una meditación o las que solemos aventar al aire cuando estamos desesperados. Lo que pasa con el por qué, es que Dios/universo, te manda más de lo mismo, *una vez más*, para que ahora sí lo descubras por ti mismo, digamos que tú mismo estás ordenando que se repita para que puedas entenderlo, ¡¿queee taaal?! A mi se me cayó la quijada. No me tienes que creer, intenta ahora con preguntas diferentes, más inteligentes y compruébalo por ti mismo. Mi Día R se pudo dar, porque sin estar consciente de esto, pregunté "qué está mal" y no "por qué a mi".

Preguntas más inteligentes podrían ser más del tipo "¿cómo lo cambio?, ¿que implicaría que yo ahora pueda ser, tener, hacer… ?" Y si realmente deseas saber un por qué, pregunta cuál es la causa. Nunca "por qué", pues eso implica que "crees que es verdad y lo decretas para tu vida" por lo tanto te sentencias a volver a vivir experiencias similares que no te gustan. Aquí nuevamente la importancia de las palabras.

Sucede que estás meditando y aunque no quieras se vienen pensamientos que no puedes controlar, no luches, déjalos pasar no les pongas atención, sigue respirando, tocar tu corazón es muy efectivo porque ahí está tu consciencia en ese momento y no en la mente.

Universo

Si observas todo el Universo es un inmenso fractal, encuentras las mismas formas desde las partículas subatómicas hasta las galaxias.

La naturaleza está diseñada con fractales. Todas las partes de un todo, son idénticas no importa en la escala que las observes. Gregg Braden es el master para explicar esto, si deseas saber más de quien mejor lo explica, búscalo en Google.

Un holograma, todos hemos visto uno, esta imagen en 3D que se asoma de un cartón impreso con láser mostrando una imagen plana. Dicen los que saben, que la realidad es un inmenso holograma, la imagen plana está compuesta por infinidad de fotos idénticas, una junto a la otra, no importa en cuantas millones de partes logres partir ese cartón impreso, siempre vas a encontrar el mismo holograma entero. Así describen el universo y así describen la realidad. Todo es lo mismo, no importa la escala en que lo mires.

Pon tú, que eres una millonésima parte de ese holograma que lograste partir en millones de pedacitos. Si tú cambias algo en ti, en el mismo instante estás modificando automática e inevitablemente todo el holograma. Esto es de las cosas más locas que han pasado por mis ojos, pero es cierto, ya sea porque realmente se modifica todo ipso facto cuando tú cambias, o porque tu modificación te permite verlo todo diferente, ¡da igual! A final de cuentas el Universo ahora, haya pasado lo que haya pasado cuando cambiaste algo en ti, inevitablemente es un lugar mejor.

Así funcionan el Universo y la realidad. Hay estudios científicos en donde se prueba que todo está conectado, porque todo formó parte de una sola cosa que explotó hace millones de años para formar el universo, el Bing Bang. Si nos vamos de reversa en la película del tiempo de como está hoy el Universo entero, al momento antes de la gran explosión, veremos que absolutamente todo lo que existe se va juntando y comprimiendo hasta formar, llamémosle, una canica que lo contenía todo y un día no aguantó más y explotó en infinitas partes formando el universo hasta hoy. Como la energía no se crea ni se destruye, solo se transforma, todo lo que existe hoy, formó parte de esa canica.

En laboratorio ya han podido probar el entrelazamiento cuántico que le sacó canas verdes a Einstein y sus colegas, ellos lo llamaban "Spooky Action at a distance" (acción espeluznante a distancia). Dos partículas que formaron parte de un mismo átomo, separadas a enormes distancias reaccionan exactamente igual en el mismo instante que una es estimulada. ¿Asombroso no? Para ellas no existe el espacio-tiempo como nosotros lo percibimos.

Esto quizás es la explicación de por qué una madre sabe que le tiene que llamar a su hijo en otra ciudad, o seguramente te ha pasado que decides llamarle a una persona y en ese instante en el que tomaste el celular para marcarle, entra su llamada. Es quizás la explicación cuántica de la causalidad que todos vivimos constantemente y del sexto sentido que todos tenemos.

En fin, hay mucha ciencia hoy gracias a la física cuántica, que prueba lo que dicen los más ocultos conocimientos espirituales ancestrales. Esto no es HokusPokus, simplemente es, solo no habíamos evolucionado al punto de poder probarlo para los que nos cuesta trabajo creer a ciegas. Hermes Trimegisto hace chorrocientos años sabía que en una gota de sangre se encontraba toda la información de un hombre… imagínate…

El poder del Amor

Vibrar en amor, es vibrar a 500 hz. La magia de la felicidad plena sucede en esta frecuencia, si viste o leíste "El Secreto", para manifestar lo que deseas, esto y la gratitud anticipada, ese sentimiento de que eso que deseas ya es tuyo y te sientes como te sentirías cuando lo tengas, de una vez, son los 2 ingredientes claves para que puedas actuar en consecuencia, tomar acción, dedicarte a lograr eso que quieres con el respaldo del universo.

Vibrar en amor (y también la gratitud), es como ponerle crédito al celular. ¿Tu teléfono es lo máximo no? La mejor herramienta que te conecta con todo. Imagina que tu celular eres tú, es tu cuerpo físico. Eres la mera onda, con todo el potencial, porque cada vez tienes mejores apps y regularmente lo limpias de basura, pero sin crédito para usarlo su funcionamiento está limitado. Bueno, vibrar en amor (y la gratitud) es la moneda para ponerte crédito y "poder hacer", para ser y tener todo lo que deseas.

Vibrar en amor es la moneda, es lo único que nos pide Dios/Universo para otorgárnoslo todo. Si lo prefieres ver de otra manera, Vibrar en amor te da la fuerza, el poder, el valor, la motivación para hacer, ser y tener todo lo que tú quieres.

¿Qué sucedió en tu vida el día que te enamoraste? De un día para otro, todo dejó de apestar y la vida valía toda la pena, estabas motivado, cantabas, disfrutabas cada momento, tenías una ilusión, ¡más bien, muchas ilusiones! y hacías lo necesario para lograrlas, sha la la la, tooodo era posible, todo era hermoso, eras tan afortunado de estar vivo y te merecías todo lo mejor. De repente tu vida era perfecta. Estabas completamente iluminado y la pura belleza de sentimientos envolvían tu vida, lo podías y lo querías todo para vivirlo con esa personita tan especial que despertó todo eso en ti.

¿Y qué cambió ese día? ¿Qué produjo instantáneamente toda esa perfección? ¡¡Que empezaste a vibrar en AMOR porque te enamoraste!!

¡Ese es el poder del Amor! y tú ya sabes perfectamente lo que sentirlo le hace a tu cuerpo, a tu mente, a tus emociones, a tu alma ¡y a toda tu Vida! Solo se nos olvidó, ni supimos cuando nos atraparon las rutinas de las ocupaciones para fallidamente deshacernos de las preocupaciones y nos olvidamos del amor, sabemos y decimos que amamos pero no tenemos tiempo para sentirlo 24 horas.

Esto también está al revés mi querido Dios en Acción. Todo, TODO, TOODOOO se arregla cuando vibras en Amor. Cuando estar enamorado es primero y le permitimos que nos gobierne todo el día, es fácil crear, es fácil corregir todo lo que no te gusta y todo lo que creas está bendecido desde que te lo imaginaste. Sabes que no te miento porque tú lo has vivido en carne propia.

No tiene que haber una personita especial, para sentirlo, ¡tú ya sabes qué es! Evócalo, siéntete enamorado, nada más y deja que tu cuerpo se inunde del coctel de químicos del amor. Además de que te vas a reparar físicamente, te juro que te va a encantar tu vida, tú ya lo sabes, solo te lo recuerdo.

Como todo, esto requiere práctica, te vas a salir del modo enamorado un par de veces antes de dominarlo, ¿y que tiene? El chiste es que vuelvas a él lo más pronto posible! ¡Nada que lamentar y sí mucho que celebrar!

Si quieres saber más de este tema, te recomiendo que googlees al Sr. Don Científico Bruce Lipton, él es el mero mero para explicar esta verdad de sentirte enamorado, con el lujo del detalle de lo que sucede en tu cuerpo incluso a nivel celular, que es su especialidad.

Si te cuesta trabajo evocar el sentimiento, o en un principio sientes que de alguna manera no eres sincero contigo, existe esta herramienta en YouTube, se llama "música binaural" o "sonido binaural", escucharla un rato para elevar tu vibración funciona súper bien, te es más fácil llegar a los 500 hz. Se supone que está diseñada para escucharse con audífonos, para mi son algo insoportables, pero me funciona esa música ¡incluso sin ellos!

¡Ándale mi querido Dios en Acción, haz tu magia y "que viva el amoors"!

¡¡¡YO SOY AMABLE!!!

Lo pongo con mayúsculas y signos de admiración porque quiero que te lo grites hasta que te lo grabes y esto sí te lo tatúes en el cerebro.

No hace mucho, llegué a la conclusión de que en español nos falta una palabra. Nos falta el Significado Etimológico de la Palabra Amable:

"Que es digno y merecedor de ser amado".

Este significado de *Amable* nos falta desde el día que nacemos y estoy segura de que los mexicanos (y todos los latinos quizás) seríamos el triple de chingones si lo supiéramos hasta la médula, estoy segura de que seríamos hasta Primer Mundo (bueno, tal vez exagero, pero sí seríamos aún más felices).

No encuentro explicación que justifique la omisión de este significado en el uso cotidiano de *Amable*. En el español mexicano, *Amable* solo es alguien que nos hizo un favor. ¿Ves que fuerte? Si lo buscas en el diccionario esto es lo que encuentras:

"persona QUE SE COMPORTA con agrado, educación y afecto a los demás", osea que, se le regala este adjetivo solo a las personas que proporcionan un servicio o se comportan de cierta manera... esto me deja muda.

Sabe que Tú eres amable desde el día que naciste y no tienes que hacer nada para merecer amor, porque es tu derecho, solo porque existes.

Esto lo descubrí porque soy mega fan de Marisa Peer, la mejor terapeuta inglesa sobre la tierra. Con muchísimo contenido gratuito por todos lados en internet. Ella es súper práctica, para ella la mente y corregir la mente es de lo más simple, y tiene este repertorio de características innatas en ti, para recordarte lo maravilloso y asombroso que eres solo por existir, entre ellas *"You are Lovable"*, *"Tú eres Amable"*, y cada vez que me lo decía, algo tronaba en mi cerebro pues el significado etimológico de esa palabra no existe en el uso del español. Tuve que básicamente gritármelo miles de veces para entender que Yo Soy digna y merecedora de ser amada sin tener que comportarme de ninguna manera, que a quien sea, le pudiera convenir.

Así es como lo descubrí y te lo cuento para que le otorgues a *Amable* su verdadero significado y todo su poder, para que la uses en ti, ya que para agradecer un favor o un comportamiento existen decenas de palabras igual de apropiadas: Atento, Cordial, Amigable, Sociable, Educado, Cortez, etc. etc.

"Eres Amable por derecho humano", lo más probable es que nadie te lo haya dicho porque por alguna incomprensible razón, este poderoso concepto no existe. ¡Pero ahora tú te lo puedes decir! y se lo puedes decir a los tuyos.

Mi querido Dios en Acción, Tú eres AMABLE, un recuerdo es amable, alguien en estado de coma es amable diga lo que diga el diccionario.

Eres amable por derecho no por obligación, sin condiciones, sin comportamientos, simplemente ES lo que ERES.

Centros de Poder

Dentro de tu cuerpo hay 7 centros principales de poder que coinciden con tus glándulas. Según del Dr. Joe Dispenza, cada uno de estos centros es como un mini cerebro especializado, con neuronas y todo, para que pueda realizar sus propias funciones con su propia química.

Si deseas saber de esto a fondo, te recomiendo ampliamente que lo busques, no sé de nadie que lo estudie y lo explique mejor que él.

Pero aquí te va la programación general de estos centros y cómo se deberían activar naturalmente, según lo explica el que sabe.

El primer centro son las glándulas sexuales localizadas cerca del coxis, ¡este centro tiene tanta energía que tiene la capacidad de crear vida! Cuando las glándulas sexuales se activan empiezan a crear su propia **energía creativa pura**, activando su centro neurológico con su propia mente individual.

Si nos sentimos seguros y tenemos nuestras necesidades básicas cubiertas, esa energía generada puede pasar al segundo centro de poder, localizado en las glándulas digestivas, unos centímetros abajo del ombligo. Aquí se trata de consumo, metabolismo y eliminación para generar equilibrio en el cuerpo. Entonces si el ambiente se torna inseguro la energía se mueve al tercer centro de poder localizado en las glándulas Suprarrenales.

En este tercer centro, el Suprarrenal, unos centímetros arriba del ombligo, se encuentra la Voluntad, es en donde nos empoderamos para poder superar las amenazas y si lo logramos, si salimos vencedores, la energía puede pasar al cuarto centro de poder localizado en el Corazón y la glándula Timo.

Al entrar la energía al centro de poder del corazón entonces amamos más nuestra vida y a nosotros mismos porque somos bien chingones y logramos salvarnos, ahora estamos más presentes y completos y toda esta alegría y satisfacción tenemos que expresarla, entonces la energía se puede mover al quinto centro de poder.

El quinto se encuentra en la glándula Tiroides y Paratiroides a la altura de tu garganta. Si podemos expresarnos ahora con un mayor grado de entendimiento de la vida, la energía puede pasar al sexto centro.

El sexto centro está formado por la glándula Pineal que se encuentra muy cerca del punto medio entre tus orejas. (por eso baja de ahí el hilo dorado en la "Coherencia Cerebro-Corazón", eso es lo que se llama el tercer ojo, y en un corte transversal del cerebro en forma vertical, se aprecia una figura similar al *"Ojo de Horus"* egipcio). Aquí los sistemas cerebrales se activan y tendrían que permitirnos ver un espectro más amplio de la realidad, es decir, tendríamos que poder ver un poco más de la realidad como realmente es. Si esto se logra, la energía puede pasar al Séptimo centro de poder en la glándula Pituitaria.

Aquí en la Pituitaria se devolverá la armonía y el equilibrio a cada uno de los centros y si esto se logra hay un Octavo centro que no está dentro de tu cuerpo sino unos centímetros arriba de la coronilla, y si nos sentimos dignos de recibir, este se abre y ¡descarga información!

Así, es como deberían de poder funcionar siempre, la energía tiene que poder avanzar desde el coxis por todo lo largo de la espina dorsal llegar al cerebro, volverlo a armonizar todo, e incluso salir de tu cuerpo físico, pero no siempre sucede así, cuando hay mucho dolor o trauma la energía se queda atorada y no puede fluir más hacia arriba.

Ahora lo sabes mi querido Dios en Acción, ayúdate a fluir, a despejar el camino por el que debe fluir la energía dentro de ti. Ponte atención, las ideas y las creencias apropiadas son la clave de TODO, son la clave hasta para que tus centros de poder, tus "Chakras", funcionen de manera óptima.

Perdona, Perdónate y agradécelo TODO, quítate ya los filtros de la experiencia pasada y los filtros impuestos por otros, sana lo que sabes, para que puedas experimentar la realidad más tal cual es.

Hay gente entrenada para ver la energía, esto es algo que todos tenemos la capacidad de hacer, lo único que nos falta es entrenamiento. Ya incluso hay tecnología, cámaras y scanners que te muestran la energía en tu cuerpo. Esto aunque lo parece, no es HokusPokus. Tú solito aunque no tengas entrenamiento puedes hacer un testeo muscular para saber dónde hay bloqueos energéticos en tu cuerpo y ayudarte a eliminarlos. ¡Es tan sencillo como preguntar! Empieza con una CCC (coherencia cerebro-corazón) para volver al ahora y pregunta como si hablaras con un amigo, "¿dónde tengo un bloqueo?" Y espera alerta de una señal, piquetes o cosquilleos en cualquier parte del cuerpo es lo más común, y confía que la energía es sabia y no hay manera de que lo hagas mal, ahora ya sabes donde se ubica uno y lo que procede es eliminarlo de tu sistema.

Para hacer esto, conozco 3 métodos, todos funcionan, hazlos tuyos a tu manera, en esto no hay errores, todos empiezan igual visualizando un tubo de luz blanca que viene desde el infinito, entra por tu coronilla y llega al centro de la tierra, una vez que ya estás ahí:

Con la llama violeta: Visualízate envuelto en un fuego violeta que no quema y da la orden, "Yo Soy la llama Violeta transmutando (o corrigiendo) este bloqueo, su causa, su núcleo y todos sus efectos" observa cómo se desintegra esa nube opaca y el espacio que ocupaba ahora brilla con luz blanca.

Con una Rosa Roja: muchos maestros usan este método. Una típica rosa roja es muy fácil de visualizar, a mi me gusta crearla en mi corazón y en ahí literalmente tomarla con la mano y llevarla al lugar del bloqueo, ahí la dejas y observas cómo absorbe toda la nube opaca del bloqueo, dejando el espacio libre, una vez que termine de limpiar, esto toma segundos, la vuelves a tomar con la mano y la alejas de ti para verla implotar y desaparecer. Ahora lleva luz blanca al lugar que quedó vacío en tu cuerpo. ¿Te acuerdas cómo hacía Mr. Miyagi para activar los chakras de sus manos? ¿Un aplauso fuerte y frotaba sus manos con intensidad? Bueno pues eso primero, pero después vas a separar las palmas unos 10cm, sientes un hormigueo y si intentas juntarlas un poquito, existe resistencia entre ellas, amasa esa resistencia separando cada vez más tus palmas creando un esfera de luz blanca entre tus manos, ya que esté lo suficientemente grande, la colocas en el espacio que limpiaste y listo, eso es una forma "llevar luz".

Despejando el área: Otro método es sacudiendo tu mano alrededor del área del bloqueo como limpiando un mal olor, diciendo "lo despejo y lo transmuto a través de todo tiempo, dimensión, espacio y realidad" y ahora, con la luz blanca entra que por tu coronilla vas a inundar el área despejada para llenarla de luz.

Usa esta información como más te guste, si quieres combinarlas o no, es tu elección, lo que quiero transmitirte es que tú tienes el poder de hacer lo que quieras, hasta de inventar tu propio método para eliminar bloqueos de energía. Si tienes curiosidad, puedes incluso preguntarle a tu cuerpo qué fue lo que causó ese bloqueo, siempre son ideas y creencias, siempre, el chiste que las quites de tu sistema, pero sobretodo de tu mente para que no se vuelvan a formar bloqueos energéticos, que a la larga se convierten en dolores y padecimientos.

Vivir en Gratitud

La gratitud es el catalizador para la elevación de las emociones. Y de las más fáciles de provocar en ti.

El Dr. David R. Hawkins, una eminencia en muchas áreas de la ciencia con enfoque en la consciencia y la espiritualidad, desarrolló la tabla de la frecuencia vibracional de las emociones, respaldada con un profundo estudio científico que te invito a googlear.

Aquí, su tabla:

Tabla de la frecuencia vibracional de la conciencia y las emociones.
Dr. David Hawkins

		Hertz	NIVEL DE CONCIENCIA (emoción)	
Coctelito que repara	Pro Salud	700-1000	ILUMINACIÓN (indescriptible)	Expanden
		600	PAZ (dicha)	
		540	ALEGRÍA (serenidad)	
		500	AMOR (veneración, respeto)	
		400	RAZONAMIENTO (comprensión)	
		350	ACEPTACIÓN (perdón)	
		310	VOLUNTAD (optimismo)	
		250	NEUTRALIDAD (confianza)	
Coctelito que erosiona	Pro Enfermedad	200	AUDACIA/VALOR (autoconfianza)	Contraen
		175	ORGULLO (desprecio)	
		150	IRA (odio)	
		125	DESEO (ansia, antojo)	
		100	MIEDO (ansiedad)	
		75	SUFRIMIENTO (remordimiento)	
		50	APATÍA (desesperación)	
		30	CULPA (culpa)	
		20	VERGÜENZA (humillación)	

A diferentes horas del día podemos manejarnos una variedad de estas emociones, altas que expanden y bajas que contraen, esto es lo más normal cuando reaccionamos a situaciones externas, o sea prácticamente siempre, a menos que ya hayamos trabajado mucho en el autocontrol y la autocorrección.

Esta montaña rusa de emociones diarias se debe a otra ley universal de Hermes Trimegisto, la Ley del Ritmo, como un péndulo que cuanto avanza hacia la derecha, avanza hacia la izquierda, todo fluye y refluye, todo asciende y desciende. ¡¡¡Pero ésta es la única ley universal que sí tiene hacks!!! Tiene dos de hecho, ¡Gracias a Dios! Y la montaña rusa de emociones sí es evitable, repito, sí es evitable:

Hack #1 si el péndulo no se mueve y te quedas en neutralidad, o si oscilas entre emociones cercanas a ella, de esta manera, la montaña rusa se convierte en trenecito de feria para bebés.

La gratitud vendría siendo el hack#2 contra las emociones bajas para elevarte por lo menos a la neutralidad, lo más rápido posible.

¿Cómo sabes en qué estás vibrando? Es tan sencillo como saber qué estás pensando, qué estás viendo con *tus ojos* en tu mundo (perdóname el pleonasmo pero necesito que entiendas que es en sentido literal), osea qué estás observando a tu alrededor, qué estás entendiendo de lo que ves y de lo que escuchas. Esa es tu vibración. La vibración de las emociones funciona igual que un sistema de radio. Digamos que la emisora es absolutamente toda la realidad, y tu emoción del momento es la que hace la sintonización para que puedas escuchar algo de música. Si tu emoción es baja, inevitablemente vas a sintonizar una realidad de baja vibración, sintonizarás canciones del tipo "los odio a todos", "me cortare las venas", "nada vale la pena" y "me encanta sufrir". Si tu emoción es alta inevitablemente, sintonizarás una realidad de alta vibración con canciones del tipo "amo mi vida" y "soy feliz". ¿Me explico? Esto no lo inventé yo, esto lo dicen todos los que saben.

Otra manera de explicar esto podría ser con lentes de colores, si tu vibración es baja, es como ponerte unos lentes grises, todo lo que veas, para ti, literalmente va a estar pintado de gris, aunque la realidad sea de todos colores. Si tu vibración es alta, sería como ponerte digamos unos lentes rosas, todo lo que veas, para ti, estará tintado de rosa.

Digamos que en un momento "te hacen" enojar (va entre comillas porque nadie Te Hace Nada y ese es otro punto que trataremos más adelante) y estás furioso, durante unos minutos, pueden ser muchos o pueden ser pocos, todo lo que concluyas, veas y escuches durante la ira, va a sostener ese estado, a menos de que algo lo interrumpa, algo drástico, una disculpa por ejemplo, te haría sentir un poquito de gratitud después de todo lo feo que experimentaste y por lo menos te elevaría a la neutralidad, o algo que te haga reír, ¡que sí pasa! Y entonces muere el estado de ira, la alegría lo mata y puedes observar la situación desde ese otro punto de vista.

Este tema es precioso, pero solo lo puedes aprender con la práctica del autocontrol y la autocorrección. ¡Sí se puede Dios en Acción! únicamente la experiencia te puede hacer un master en esto. Un tip: pase lo que pase agradece antes de reaccionar, por más pinche que esté la situación que estés observando, sieeeeemmmmpreeeeee hay un motivo para estar agradecido, encuéntralo, aunque sea una pendejada pero agárrate de él para minimizar tu reacción.

Te vas a equivocar muchas veces, ¿y que tiene? El chiste es volver a la neutralidad lo más pronto posible y ya sabes como… ¡nada que lamentar y sí mucho que celebrar!

Coctelitos

Completamente ligado a las emociones y a las frecuencias de el tema anterior, se encuentran los cocteles de hormonas que secretan las glándulas con las diferentes emociones que nos manejamos durante el día.

La cosa aquí, es que solo de la neutralidad para arriba (ver la tabla), las glándulas secretan el maravilloso coctel reparador de tu cuerpo, tu sangre está inundada de endorfinas, serotonina, dopamina y oxitocina, junto con todas las reacciones químicas que desencadenan, creando el ambiente perfecto para la salud, la **autorreparación** y el bienestar ....

Por el contrario, de la vergüenza al coraje en la tabla, es decir, las emociones que contraen, estresan, y lo pasas de la chingada, esas te mantienen en un estado de huir o pelear, el coctelito que secretan tus glándulas en estas frecuencias tiene el único propósito de salvarte la vida, para eso están diseñadas, por eso existen, la cuestión, es que ya no hay dientes de sable tratando de comerte por ningún lado, y tú no consumes ese coctel del "modo emergencia" en una lucha campal por salvar tu vida, entonces la adrenalina y el cortisol junto con todas las reacciones químicas que se desencadenan, se quedan flotando en tu sangre por horas, erosionando y desgastando todos tus sistemas y es sumamente adictivo. Atención, repito, **es sumamente adictivo, al cuerpo le encanta y PROVOCA esos estados en ti**, porque quiere su droga, por eso es muy común que no esté pasando nada y simplemente no puedes evitar estar de mal humor, o deprimido o que se despierte una voz saboteadora que te manda al caño. Entonces, las emociones de baja vibración también se autogeneran por adicción, es decir, también somos adictos a estados de ánimo de baja vibración, es tan nociva como cualquier otra adicción.

Las glándulas no pueden producir ambos cocteles a la vez, o estás reparando o estás erosionando y lo que define su producción, es la emoción que te manejas. ¡Aquí la importancia de aprender a controlar tus emociones! Además de que tu vida cada día se parecerá más a un paraíso te vas a evitar mucho sufrimiento y te vas a asegurar un cuerpo saludable por mucho tiempo.

Ya lo sabes querido Dios en Acción, solo tú puedes controlar esto en ti, ya tienes el conocimiento y razones de peso para empezar a desintoxicarte y a repararte. Saber es poder y querer es el primer paso. Si yo lo logré, tú con más facilidad.

Empoderamiento

"La gente hace no TE hace" dicen varios memes y es completamente cierto.

Tendemos a meter un "me" cuando contamos una historia en donde nos victimizamos por ejemplo "me grita" o "me insultó". Aquí unos puntos importantísimos para reflexionar:

¿qué mérito ves en la victimización? ¿De qué te sirve ser una eterna víctima? No hay cosa más desempoderante que estar casado con tu propio victimismo. ¿Para causar lástima? La lástima es de las vibraciones más bajas y desempoderantes mi querido Dios en Acción. (Aunque sea motivada por la idea de que le importas o te importa el bienestar del sujeto, la lástima de otros te anula, con tu lástima nulificas a tu ser querido). ¿Para qué la provocas?

Por otro lado, te recuerdo que "con lo que te identificas y crees que es verdad, lo decretas para tu vida. Te autosentencias.

Además el estar hablando de tus aparentes desgracias las refuerza y las mantiene en tu vida. NADA apropiado para ti, sale del victimismo, y una buena manera de irte entrenando para deshacerte de él, es quitándole el "me" a las frases que empiezan con "me hizo", "me dijo" incluso cosas muy fuertes como un "me golpeó". La única excepción, es que estés poniendo una denuncia el ministerio público, ahí sí, es el único lugar en donde sí eres una víctima porque así funcionan las leyes terrícolas y necesitamos que se aplique todo el peso de ellas. Si no estás poniendo una denuncia, ni de chiste es aceptable que te consideres una víctima y es muy importante que te entrenes para dejar de serlo, sobretodo para que encuentres el valor y el empoderamiento suficiente para que te saques de esa situación. Nadie lo puede hacer por ti.

La gente hace cosas, hay gente con costumbres muy primitivas, como gritar, golpear, romper, maltratar, abusar, manipular, entonces ellos, gritan, golpean, rompen, maltratan, abusan, manipulan cada vez que pueden y tú no tienes la culpa, ni eres por ningún motivo responsable de sus actitudes primitivas, ni siquiera te corresponde la responsabilidad de "hacer que cambie", de lo único que sí eres responsable es de tu decisión de permanecer cerca de una persona primitiva, cuando ya sabes que es primitiva. ¡Ahí está la cosa! La gente no TE hace, tú andas cerca y te toca cuando lo hacen.

"Yo Soy aquí, Yo Soy ahí. Te otorgo todo el Poder para salir de esa situación" es la bendición para evitar a toda costa que sientas lástima por alguien y en lugar de eso, realmente le aportes una gran ayuda. Con el "Yo Soy aquí, Yo soy ahí" estableces comunicación entre Yo Soys, entre el Dios dentro de ti y el Dios dentro del otro y tu bendición llega a toda costa.

Lo mejor que puedes hacer por ti es hacerte responsable de todo lo que sucede en tu vida, porque de esta manera SÍ tienes el control de tu vida y SÍ tienes el poder de solucionarlo todo para tu propio beneficio, pues es tu derecho y tu obligación. Si tú eres el único responsable, tú lo creaste solito, si no te agrada tu creación, tú solito la puedes cambiar, ya no tienes que esperar nada de nadie, ni de un Dios ajeno a ti porque tu Dios dentro de ti (que es el mismo pero en un mejor lugar) es omnipotente.

Quizás todavía no sabes las toneladas de sufrimiento que te vas a quitar de encima con la sola decisión de dejar de ser una víctima. Te invito a descubrirlo. Cuando dejas de serlo dejas de vivir en el pasado y tienes tiempo de disfrutar el ahora y soñar para el futuro. Dejas de contar las mismas historias de cuánto te hicieron sufrir, hay personas que les fascina lamerse las heridas incluso ante gente que acaban de conocer, pon atención a toda la gente con la que convivas, observa cómo algunos se regodean y se alimentan de todo su sufrimiento, les fascina que nadie en la mesa ha sufrido más que ellos y están tan encantados que no hay manera de sacarlos de ahí y no hay manera de hacer que hablen de otra cosa. Observando a otros aprendes lo que no quieres para ti, en otros te reconoces hoy, y de vez en cuando te topas con un iluminado que te muestra lo que sí deberías querer para ti.

Yo Soy Suficiente

Esto también lo escuché por primera vez de Marisa Peer y me sorprendió muchísimo. Yo crecí envuelta en un concepto contrario, ni en la escuela, ni en la casa, ni en el poco contacto con la religión, ni en la tele, ni en los cuentos, no sabía que existía gente que se consideraba suficiente, no sabía ni que era posible.

¡Y sí es posible! Como quizás a ti tampoco te lo dijeron nunca, quiero que sepas que lo ERES. Tú eres suficientemente TODO para hacer lo que deseas, hoy, no te falta nada.

Estás suficientemente vivo, para empezar, ¡ya con eso ya chingaste! Estás suficientemente consciente de ti y de tu realidad. Eres suficientemente inteligente. Eres suficientemente capaz, eres suficientemente hábil. Tienes la voluntad suficiente. Tienes el Valor suficiente para intentarlo todo. Te amas lo suficiente. Amas lo suficiente. Eres suficientemente amable desde que naciste. Sabes lo suficiente. Eres suficientemente todo lo que se necesita, tienes suficientemente todo lo que requieres para dar ese primer paso, hoy.

Esta idea de *Ser Suficiente*, es muy empoderante, porque llena **todos los vacíos**, repito LLENA-TODOS-LOS-VACIOS nada puede detenerte ya, pues todo ya se encuentra de manera suficiente dentro de ti. Atención, Para nada se trata de que seas conformista, ¡al contrario!, úsala para que por fin tomes el control de tu vida y te comas al mundo, haciendo eso que tanto deseas, ya. Úsala para deshacerte de tantos miedos que has adoptado a lo largo de la vida, de tantas ideas que ya sabes que no son apropiadas para ti. Úsala para crecerte y desarrollarte. Úsala para REALIZARTE. Úsala para crear esa vida perfecta que tanto deseas.

Llena todos tus vacíos sabiendo que eres suficiente y a pesar de que no tengas otro alguien, (sería grandioso pero no lo necesitas para ser totalmente tú). A pesar de que no tienes "el título", (quizás ayudaría pero sin él también eres absolutamente capaz). A pesar de que no eres originario de la ciudad (también es tuya porque ahí vives, *también*), a pesar de que no tienes hijos, (sería maravilloso pero no te resta nada no tenerlos aún y todo tu tiempo todavía es tuyo) a pesar de que tu cuenta bancaria no tiene 9 cifras (gracias a Dios tienes mucho más de lo que necesitas), a pesar de que estás medio roto (gracias a Dios te estás reparando), a pesar de que no eres igual que ellos, (que bendición que eres distinto), a pesar de que tienes miedo (también eres muy valiente), ¡a pesar de lo que sea! TÚ YA ERES SUFICIENTE para hacer, ser y tener y sobretodo para MERECER lo que deseas. Observa que los vacíos también están en tu cabeza. TODO ES MENTE.

¡¡Ya ERES Asombroso querido Dios en Acción!! ¡Quítate la venda de los ojos y admírate de lo grandioso que eres!

Tu propio Vigilante

Como te das cuenta, lograr esa vida de sueño, es simple, solo hay que actualizar el software, borrar programas obsoletos, para hacer espacio para los nuevos. La decisión es el primer paso, saber cómo es el segundo y el tercero es tomar acción.

Es necesario convertirte en tu propio vigilante, esta habilidad se desarrolla con la práctica, y sosteniendo esa meta fija entre las cejas para que no se te olvide. Como ser tu propio "Big Brother" pero con cámara de rayos X, porque necesitas saber todo lo que pasa por tu mente y todas las emociones que esta genera con cada entrada de información.

Cuando descubras algo que hay que modificar, una idea, un concepto, una actitud, una reacción, ¡CELEBRA! Jamás te lamentes por eso, ¡significa que estás a punto de ser una nueva versión mejorada de ti! Y con la objetividad y desapego con que borras tantos memes de tu cel, con esa misma objetividad y desapego, trabaja en ti. Sin dramas ni lamentos, al contrario, con ALEGRIA, pues borrar memes viejos significa espacio para todo lo nuevo y ¡libertad para hacer lo que necesitas!

Cuando descubras algo que cambiar en ti, no te quedes en la superficie, escárbale hasta encontrar la causa, qué o quién o cómo fue que se instaló eso en ti, para que lo extraigas con toda su raíz, con todos sus archivos. Insisto, con objetividad y desapego, con la curiosidad de descubrir. Eso que vas a encontrar tiene que hacerte sentir como cuando te encuentras dinero olvidado en una prenda que usaste el año pasado, ¡así exactamente! Sin latigazos ni dramas inútiles, eso ya no existe pero sigue en ti, (además se supone que ya perdonaste todo y te perdonaste todo, ya no hay sentimientos ligados a tus memorias) y cuando encuentres la causa lo podrás quitar por fin de tu sistema. Como cuando corres un antivirus, y por fin tu computadora funciona al 100, igualito.

Limpia tu Sistema y funciona al 100 mi querido Dios en Acción. Te estamos esperando con ansias, como al estreno de una gran película. ¡El mundo te necesita en tu mejor versión, todos los días!

Vuelve al Ahora

Los miedos y por lo tanto los apegos, que adoptamos con nuestra experiencia y los que nos instalaron en nuestra infancia, tienen una temporalidad, quiero decir, o se encuentran en el pasado, o se encuentran en el futuro. Son pocos los miedos que están en el ahora. Miedo realmente en el ahora, sería que te vieras en una situación de peligro de vida o muerte, todo lo demás o está en el pasado o está en el futuro.

La cuestión es que por programación, los sufrimos aunque realmente no existan o no tengan motivo de ser "ahorita *en este preciso momento*", haciendo que nos contraigamos, deteniendo nuestro avance, estresándonos, bajando nuestra vibración, erosionándonos. La conocida frase "para qué te preocupas" es cuando entra, pero no siempre hay alguien a nuestro lado que la diga y tampoco queremos depender otro para controlarnos.

Digamos que tu pareja o tu hijo no ha llamado y te deja en visto desde hace media hora, en tu mente se empiezan a hacer torbellinos de tragedias griegas con una amplia variedad de finales catastróficos. Estrés y ansiedad a todo lo que da, motivado por miedo a no haber sido suficientemente buen........, miedo a perder, miedo a quedarte solo, miedo a ser traicionado, miedo, miedo y otro miedo más, y como lo que quieres son respuestas inmediatas y no puedes obtenerlas porque no tienes el control, empiezas a asumir que ya no te quiere, que está con alguien, que tuvo un accidente blablabla pura wacareada mental que solo te enferma. Vuelve al ahora con la "coherencia cerebro-corazón" (CCC)

¿Te preocupa su bienestar? ayuda de la única manera que puedes en este momento, "**otórgale todo el poder para salir de esa situación**" (pues ni sabes qué está pasando realmente y esa bendición es general) y para evitar que te vuelvan a atrapar pensamientos terribles, haz lo único que puedes hacer por los que amas desde temprano en la mañana y confía, (a demás de tus oraciones, si es que acostumbras) envuélvelos en un "**círculo electrónico de protección**" para que nada ni nadie pueda hacerles daño y permíteles vivir, imagina un ula-ula de oro alrededor de esa persona, de su carro, de tu casa, de tu negocio, de ti, de todo lo que quieras proteger y que el bienestar y la integridad de todo eso jamás vuelva a preocuparte, hazlo y confía. No eres mejor padre o pareja por estar angustiado, al contrario, las preocupaciones te enferman y a veces llenan de rencor, en cuanto los vuelves a ver explotas en lugar de disfrutarlos y ellos no se sienten merecedores de la ira que te inventaste, en fin es más saludable por donde lo quieras ver. Recuerda solo tienes el poder de controlarte a ti mismo a nadie más. Sobre otros solo puedes perdonar y bendecir.

Lo mismo pasa con las cuestiones médicas pues suelen estresarnos de más, lo mejor es usar la CCC para mantenerte en paz y en el ahora, tu cuerpo lo que más necesita es su coctelito reparador, tu mente pensando cosas apropiadas y que las medicinas hagan su efecto. Ayúdate a sanar, sorprende al doctor y a tu mundo con una pronta recuperación.

También sucede con los nuevos proyectos, las inversiones, citas y entrevistas de trabajo y todo lo que tenga dinero en juego. Tu mente te va a dar mil razones para angustiarte, no se lo permitas, todos son miedos que están en el futuro y algunos probablemente basados en experiencias anteriores. Lo cierto es que tu mente tampoco sabe cuál será el desenlace de la historia, tú en el ahora para que puedas ver con claridad, paso a paso, una decisión, una meta a la vez, flexible pues no siempre las cosas pueden ser exactamente como las planeamos, siempre en el ahora, confiando en ti, en tu capacidad, y esperando lo mejor que no siempre es exactamente lo que tú quieres y tienes que poderlo distinguir.

Fluye

No te resistas. La resistencia es la reacción natural causada por los apegos que están basados en los miedos. Dicho al revés los miedos generan apegos que causan resistencia. La resistencia provoca sufrimiento. Entonces la ecuación completa es: los miedos generan apegos que causan resistencia provocando sufrimiento. "PARE DE SUFRIR" dicen en la tele.

Cuando te caches sufriendo pregúntate: ¿Qué me está causando tanto sufrimiento? ¿Qué siento? Ponle nombre a lo que sientes y por quien lo sientes. De la lista pueden ser muchos, pueden ser todos, puede ser uno. Identifícalos todos pero trabaja uno a la vez.

- Dolor Físico
- Angustia / Incertidumbre
- Resentimiento / Odio
- Desamor / Soledad
- Ira / Coraje
- Ansiedad / Inseguridad
- Tristeza / Depresión
- Frustración / Victimismo
- Impotencia / Preocupación
- Culpa / Juicios Negativos
- Vergüenza / Lástima
- Celos / Envidia

¿A qué me estoy resistiendo a desapegarme?

- Apego a una persona
- Apego a un resultado
- Apego a una idea

- Apego a una cosa

¿Cuál es el miedo detrás? ¿Está en el pasado o está en el futuro?

Independientemente de la temporalidad, lo que sigue inmediatamente es:

- Volver al Ahora: Vuelve al ahora usando la CCC, esto va de cajón porque hoy, aquí, **ahorita es el único lugar libre de miedos**, eso que temes en este momento preciso no cabe, es inexistente y es absurdo. Tu miedo en el pasado corresponde a una persona que fuiste pero ya no eres hoy, tu miedo en el futuro, (a menos que seas clarividente, y aunque lo fueras ellos saben que solo pueden ver una única posibilidad dentro de las infinitas posibilidades), es tan probable como improbable que suceda, repito: "tu miedo en el futuro es tan probable como improbable que suceda" entonces es una nube apestosa, un *pedo* mental que urge quitar para que puedas respirar.

- Cambio de Paradigma: ya que te encuentras "ahorita", el objetivo es voltear esas ideas a tu favor porque ahorita están en tu contra. Lo más fácil es primero agregar un "no" a la idea por ejemplo, si es "miedo a perder" ahora sería "yo no tengo miedo a perder" y luego sería convertir esa frase al positivo, "yo tengo todo para ganar" o "a mi todo me sale bien", ¿me explico?

Y a continuación toma una decisión para salir de esa situación, no hay tantas opciones y es probable que las necesites usar todas:

- Perdonando(me): ya tienes herramientas para hacer esto, úsalas.

- Tomando Acción: haz eso que no te has sentido capaz de hacer o inténtalo nuevamente pero de una manera distinta. Decía Einstein que solo un loco espera resultados diferentes haciendo siempre lo mismo... y ese señor vaya que sabía cosas.

- Desapegándome: suelta, libera, no eres menos sin eso o sin el control de eso y no eres más estando preocupado, sorpréndete de los resultados.

- Dejando de resistirme: Fluyo. Entiendo que solo puedo controlarme a mí. Lo que no está en mis manos, *"No está en mis manos"*, ya hice todo lo mejor que pude, confío en que, lo que venga es lo mejor, aunque sea diferente de lo que quiero.

- Elevando Vibración: Ya sabes que la gratitud es un gran catalizador y también aquí puedes decidir expandirte con música, actividades alegres, convivencia sana, ejercicio, etc.

- Y solo en caso de Dolor Físico entra la opción de ir al doctor y usar medicamentos/remedios, (que vendría siendo tomar acción).

Este proceso no me falla mi querido Dios en Acción. Muchas veces, cuando son situaciones extraordinariamente fuertes, con una combinación de sentimientos horribles, hago este proceso en mi diario pues ahí puedo ser totalmente sincera sin herir a nadie y sin arrepentirme, puedo hasta gritar todo tipo de maldiciones escribiendo con letras enormes y feas, para poder ver claramente todo lo que está sucediendo en mí y sanarlo por completo. Al principio me tomaba días identificarlo todo, hoy son unos minutos y cada vez son menos las cosas que realmente te sacan de tu centro. Tu salud Mental, Emocional, Energética y Física, valen toda la dedicación y el tiempo que le pongas, la maravilla aquí es que con esto las trabajas todas al mismo tiempo y con la práctica, cada vez es más rápido.

El mundo al revés

En el mundo **quieren que creamos** que la individualidad es irrelevante, que eres un costal de carne y hueso que está aquí por accidente, que Dios está lejos y Él es el único con el poder de hacer algo, "si quiere", que los recursos son escasos, que no vas a lograr nada si la competencia, la separación, la división, no rigen tu vida, que no vales nada si no eres idéntico a un modelo imposible, que el éxito solo está definido por el tamaño de tu cuenta bancaria, que amor es estar sufriendo, que estamos hechos de materia y que lo material es lo único que importa y que tienes fecha de expiración.

Ayayay no sé a quien le convenga que vivamos con estas convicciones, pero sí sé que son la fuente de toda desgracia en la humanidad. Sí sé que urge un cambio de orden y sé que tiene que empezar por uno mismo.

Lo que experimentamos en esto que llamamos vida, es demasiado similar a la película Matrix. La única diferencia es que cuando te tomas la cápsula azul de Morpheus y te desconectas, no ves una destrucción material post apocalíptica, ¡gracias a Dios! simplemente es muy clara para ti la diferencia entre estar y no estar anclado a la matrix, tu consciencia ahora es libre de expandirse ilimitadamente y descubres mundos dentro y fuera de este mundo, descubres que el poder realmente está dentro de ti como dicen Yoda y Obi-wan, te das cuenta que todo está conectado, que nada es casualidad, que todo es Dios hasta tú, que no eres nada más que mente y que lo eres todo a la vez. Por más que me esfuerce no le hago justicia, esto es inefable, esto se tiene que vivir para comenzar a entenderlo. Es un renacimiento a una realidad superlativa, a una **"realidadísima"** cada día más grandiosa.

Querido Dios en Acción, TE ESTAMOS ESPERANDO te necesitamos en tu mejor versión cada día. Entrénate todos los días, porque tu individualidad sí importa, ¡muéstranos todo lo grandioso que eres! Porque eres un ser único y especial, un alma preciosa, eterna e infinita con un propósito que solo puedes aportarnos tú y para eso estás aquí. Porque Dios eres tú, tú eres una materialización de Él, una versión única de Él con todo el poder de crear lo que tú quieres cuando tú lo quieres. Porque el mundo es muy abundante y hay más que suficiente para todos, no importa cuanto quieras para ti, siempre hay mucho más para lo que el resto pueda querer. Porque se logra mucho más en unión y en colaboración. Porque eres imperfectamente perfecto, eres valioso y hermoso tal y como eres, te pongas lo que te pongas, vivas donde vivas, digan lo que digan, manejes o vayas en bus, peses lo que peses, comas lo que comas y todo eso, también tienes el poder de cambiarlo **si a ti no te gusta**. Porque para cada quien la definición de éxito es distinta y puedes tener muchas y puedes modificarlas cuando quieras. Porque vivir en amor es vivir en tu verdad, vivir dichoso, vivir abundante, vivir feliz, vivir en paz, es realmente VIVIR. Porque la verdad es que tú, el mundo, el universo, un átomo es 99.9999% energía y solo .0001% es materia y esa energía es eterna e infinita y la materia tampoco se destruye solo se transforma, son diferentes grados de una misma cosa. Todo esto y mucho mucho mucho más lo aprendemos al revés, pero tú eres el único que puedes hacer algo para descubrirlo.

Te deseo un muy feliz renacimiento, una constante ascensión en tu transformación, una permanente expansión de consciencia; alegría, amor, paz, seguridad y prosperidad autosostenidas eternamente.

Yo soy aquí, Yo soy ahí contigo, te otorgo todo el poder para que salgas de esa situación (la que sea) y te bendigo para que prosperes.

Gracias por dedicarme tu atención.

¡Yo Soy Dios en Acción! Y sí, tú ERES.

Fin.

Agradecimientos

Gracias vida por guiarme en este camino. Gracias maestros ascendidos y sabios ancestrales por mostrarme esta mejor forma de vivir. Gracias familia por tanto apoyo incondicional, Papá, Mamá, Abuelo (E.P.D.), Nina, Ileana, Alejandro, Galia mis maestros de carne y hueso. Gracias a todos los que me han enseñado tanto con sus libros, entrevistas y videos aunque ni siquiera saben y quizás nunca sabrán todo lo que han transformado en mi. Gracias GAIA por existir, Regina Meredith muchas gracias por mostrarnos tanto. Gracias bicho por obligarme al encierro, a estar en aislamiento y terminar de hacer esto posible. Gracias editorial Ibukku LLC, gracias Luis Crowe, Diana González, Ángel Floresguerra por tantas atenciones. Gracias Cristina Carrillo Bassol por el hermoso diseño de portada. Gracias Miguel Sierra por la preciosa fotografía. Gracias a ti mi querido Dios en Acción.

Gracias, Gracias, Gracias.